故乡（水彩）林徽因作

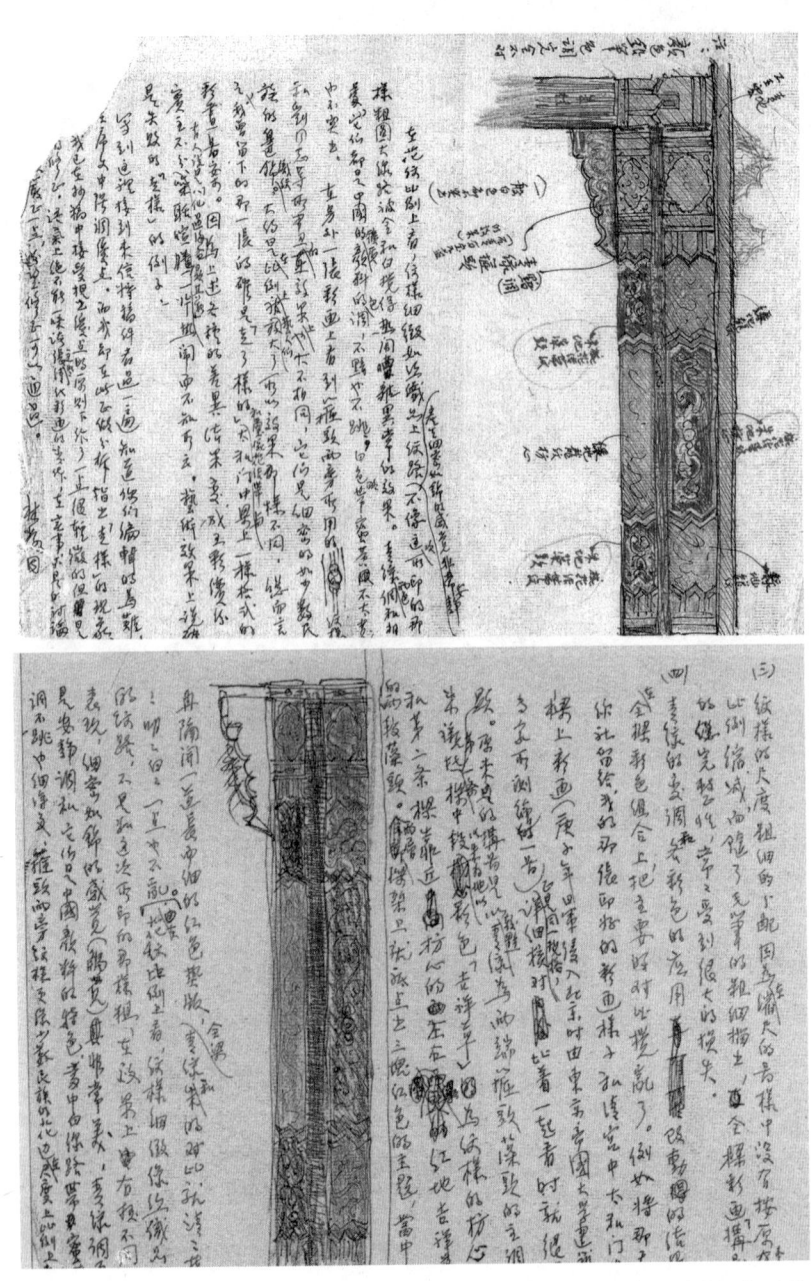

林徽因《关于〈中国建筑彩画图案〉的意见》手稿

林徽因指导莫宗江设计的景泰蓝烟灰缸

你来了。

你来了,画里楼阁立在山边,
交响曲,由风到风,草率到天、
阳光投奔个个方向,谁管?你我
如同画里人,掉回头便就不见!

你来了,花闹到泼泼的深红,
绿萍挤住池塘上一层晓梦,
鸟唱着,树梢文织着枝柯小白云
却是我们悠悠翻过我重天空!

一九三四

林徽因诗作《你来了》

林徽因往事

你是一树一树的花开

我的灵魂里始终住着我自己

张海燕 / 著

国际文化出版公司
·北京·

图书在版编目（CIP）数据

你是一树一树的花开 / 张海燕著 . —北京：国际文化出版公司，2017.11
ISBN 978-7-5125-0927-6

I.①你… II.①张… III.①林徽因（1904-1955）—传记 IV.①K826.16

中国版本图书馆 CIP 数据核字（2017）第 225257 号

你是一树一树的花开

作　　者	张海燕
责任编辑	宋亚晅
总 策 划	葛宏峰
统筹监制	兰　青
选题策划	李梦雪
美术编辑	秦　宇
出版发行	国际文化出版公司
经　　销	国文润华文化传媒（北京）有限责任公司
印　　刷	阳谷毕升印务有限公司
开　　本	880 毫米 ×1230 毫米　　　32 开
	8.875 印张　　　200 千字
版　　次	2017 年 11 月第 1 版
	2020 年 1 月第 2 次印刷
书　　号	ISBN 978-7-5125-0927-6
定　　价	45.00 元

国际文化出版公司
北京朝阳区东土城路乙 9 号　　邮编：100013
总编室：（010）64271551　　传真：（010）64271578
销售热线：（010）64271187
传真：（010）64271187-800
E-mail：icpc@95777.sina.net
http：//www.sinoread.com

目录 Contents

楼一角，亭一角，戏台清梦知多少　001

句句是真情　009

马背上的美人　015

奢靡贵妇　023

最美演讲者　034

留学生中最耀眼的星　042

多才设计师　050

语言天才　059

美丽老师　067

社交名媛　075

幽默风趣、字字珠玑　085

倾情绽放终不悔　096

一生家国梦，全家赤子心　106

慧眼识才，谆谆师恩　116

出生豪门贵族，还需素手调羹 123

长媳长女 137

我的猫也是"爱的焦点" 144

谈笑鸿儒、往来白丁 149

书画家 159

无处说凄凉 165

国徽：集体智慧的结晶 175

清华大学：你就在我的因缘际会里 180

寂寞过客 188

做自己的主人 196

民国才女 202

古建情缘 214

你若不离不弃，我必生死相依 222

你是一树一树的花开 235

慈爱母亲 245

你是人间四月天 259

后记 272

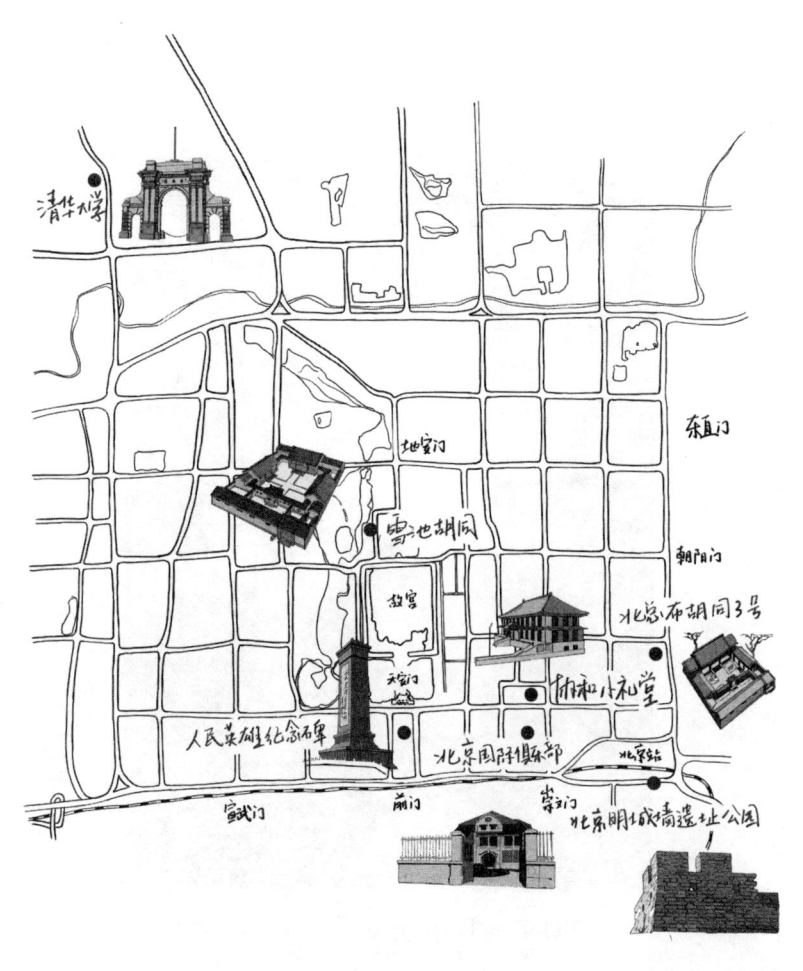

林徽因北京寻迹图

1936年6月,林徽因在测绘山东滋阳兴隆寺塔

楼一角，亭一角，戏台清梦知多少

诗人、建筑师、美女、大众情人……这些都是林徽因的标签，但林徽因真正具有"战斗属性"的标签，应该是戏剧达人。

无论何种朝代，喜欢戏剧绝对是腐女标配。千万不要以为戏剧只是咿咿呀呀的京剧或者侬侬我我的越剧，腐女眼中的戏剧，就是话剧、歌剧、舞剧、音乐剧等一切与传统中国戏曲无关的内容。从五四运动开始大规模引入话剧之后，话剧就成为进步、时尚的代名词，走在时代前沿的林徽因，怎么可能缺席？

林徽因与戏剧的缘分，最早可以追溯到1924年。是年5月，北京文化界正沉浸在一场文化狂欢中：印度诗人、诺贝尔文学奖获得者泰戈尔来中国走穴。5月7日是泰戈尔的生日，为了表示对他的尊敬，北京文化界很早就排练好了泰戈尔的诗剧《齐特拉》，为了照顾泰戈尔、显示洋范儿，这台诗剧的台词全部用英语。诗剧和英语剧，在当时的北京，绝对是高大上。由于对语言的要求，这台诗剧的所有演员都是业余票戏的：导演张彭春，资深业余票友，算是泰戈尔的死忠粉，他的闺女叫新月，新月社的名字也是他提出的；舞台美术梁思成，有些清华附中的美术底子，也是业余的；林徽因饰演女主角齐特拉，张歆海饰演王子阿俊那，徐志摩饰演爱神玛达那，林长民饰演春神伐森塔，袁昌英演村女，丁西林和蒋方震演村民。

5月8日，演出在东单三条协和小礼堂举行，当时来了很多文艺大咖，梁启超自不必说，鲁迅、梅兰芳都来了，在剧院门口卖节目单的是陆小曼。这份节目单就要一块大洋。

这场演出，是北京城的文化盛事，当时能够用英语演出，且有舞台经验的女演员，原本就凤毛麟角，20岁的林徽因能够得到这个机会，除了父辈的关照，自己的实力肯定是毋庸置疑的。话剧演员的台词量巨大，而话剧判断一个人是否是主演的标准，就是台词量，说明林徽因的记忆力一级棒。

大家不要以为自己知道的很多民国名人都会外语，有的还会好几国外语，就觉得民国英语普及率有多高。那些不会外语的、没有名气的，早就成了历史的尘埃，根本不会出现在我们的视野中。

林徽因因为参加这次演出，在全国时尚界一炮走红。5月10日，北京《晨报》"副镌"（副刊）评价说："林宗孟（按，即林长民）君头发半白还有登台演剧的兴趣和勇气，真算难得。父女合演，空前美谈。第五幕爱神与春神的谐谈，林、徐的滑稽神态，有独到之处。林女士徽音，态度谈吐，并极佳妙。"

第二年，也就是1925年9月20日，上海《图画时报》第268号出刊，头版人物就是林徽因，刊登了林徽因的两张照片，其中一张就是《齐特拉》的演出定妆照。照片说明更对林徽因大加赞赏：

> 林徽音女士为林长民先生之女公子，明慧妙丽，誉满京国。精通中、英文，富美术思想。平居无事，辄喜讲求家庭布置之方。小至一花一木之微，亦复使之点缀有致。前在北京，曾就培华女校习英文、音乐各科。民九远航间，留学英京，入圣瑠丽学院。逾年内渡，转学北美，专习建筑图案，尤注意于戏台构置。首往纽约省之淆瑟城，入康宾山大学，继往飞费城，入宾省大学。诚以欧美诸邦专才辈出，剧场建筑不独以工程坚固，陈设华丽见称。举凡美术兴趣、历史观感，随处流露，无往不足引人入胜，以视我国剧场，洵有天渊之别，不可同日语也。将来女士学成归来，必可以贡献于国人者。

在当时的世人眼里，林徽因最该干的事，不是建筑也不是新诗，而是设计中国式戏台。

1925年，梁思成、林徽因已经赴美留学。期间，余上沅、闻一多等人发起成立"中华戏剧改进社"，学习推广话剧，林徽因是剧社活跃分子，积极向剧社刊物投稿。

1927年，林徽因进入耶鲁大学戏剧学院G.P.帕克教授工作室学习，成为我国第一个在国外学习舞台美术专业的学生。

因为这次入学，1928年3月，林徽因再次登上《图画时报》，身份由林长民之女变为梁思成夫人：

> 梁思成夫人林徽音女士，文思焕发，富有天才。早年试演戏

剧，曾充太谷翁名作《姬珈玳》一幕之主角。卓于舞台布景以及导演，无所不能。近毕业于合众之国之"耶尔大学演艺院"，方偕梁思成君作蜜月之旅行，兼事考察宫室之制及演艺之作风，联袂抵欧。巧值世界戏曲大家易卜生百年纪念盛典，诚我东方古国学术前途之福音也。

这里提到的"姬珈玳"，就是林徽因在三年前饰演的齐特拉（不要奇怪，火星人小马哥在大陆叫马特·达蒙，在台湾叫麦特戴蒙，在香港叫麦迪文）。这部戏在三年后还被人提及，成为林徽因的重要"艺术履历"，可见当时影响巨大。同时，这家画报把易卜生百年纪念与林徽因留学联系起来，还称其为东方福音，对林徽因可谓大捧特捧，是死忠粉。

林徽因后来也曾经提过一次在耶鲁的求学经历：

我记得在耶鲁大学戏院的时候我帮布景，一幕美国中部一个老式家庭的客厅，有一个"三角架"，我和另一个朋友足足走了三天，足迹遍纽海芬全城，去问每家木器铺的老板，但是每次他都笑了半天说，现在哪里还有地方找这样一件东西！

回国后，林徽因参加戏剧活动的频率更高，不过再也没有上台演出的机会。按照她的性格，要不是因为肺病嗓子不行，估计有机会还是要上台演出的。林徽因之后的戏剧活动，基本有两项，一是看戏，二是评戏。1931年，也就是林徽因从大姑子梁思顺家搬出来，住到西山之后，戏剧活动频繁了许多，还因为话剧在报纸上和人掀起了论战。8月2日，北京《晨报》"剧刊"三十二期发表林徽因的舞台美术评论《设计和幕后困难问题》，批评《软体动物》的舞台设计：

> 自从小剧院公演《软体动物》以来，剧刊上关于排演这剧的文章已有好几篇，一个没有看到这场公演的人读到这些文章，所得的印象是：（一）赵元任先生的译本大成功；（二）公演的总成绩极好，大受欢迎；（三）演员表演成绩极优，观众异常满意；（四）设计或是布景不满人望，受了指摘；（五）设计和幕后有许多困难处，所以布景（根据批评人）"凑合敷衍"一点，（根据批评人）"处处很将就些"了。

由于在文章里点名批评了《软体动物》的舞美之一陈治策，陈治策在8月9日发表文章回应：《<软体动物>用的白布单子——答林徽音先生》；8月16日，另一个舞美余上沅也发表了文章《答林徽音女士》。林徽因本来想谈谈感想，结果人家上来群殴她，只好宣告撤退：8月23日，林徽因发表文章《希望不因<软体动物>公演引出硬体的笔墨官司》，结束了这场论争。

不过这场论争，林徽因是输阵不输人：除了戏剧圈内人，基本没人知道陈治策和余上沅。俺写这篇小文时，认真看了林徽因的开炮之作，才知道陈、余二人在圈内的名气也很大——可是，谁让你的圈子比林徽因小呢？

1934年5月26日，林徽因在《华北日报》"剧艺"周刊发表戏剧评论《第一幕》。

林徽因是中国第一个学习舞台设计的人,但一生只从事过一次舞台设计。1935年,曹禺请她担任《财狂》的舞台设计,再次引起轰动。《益世报》《大公报》连日赞扬林徽因的布景设计:

一进瑞庭礼堂便遥见在舞台上建筑的亭台楼阁,后面绕着一道飞廊和树木……在蔚蓝的天色下和玲珑的庭院中,衬出各种人物的活动,好像一幅美丽的画境,这不能不说是设计者苦心的结晶。幸亏三幕在空间上是一致的,不然对于这笨重的布景,真不知要费多大工夫去搬弄。(水皮:《〈财狂〉的演出》)

(《财狂》)堪称为舞台空前的惊人的成功,布景方面,我们得很佩服林徽因女士的匠心:楼一角,亭一角,典丽的廊,葱青的树;后面的晴朗青色的天空,悠闲淡远,前面一几一凳的清雅,都在舞台上建筑了起来,无论角度、明朗暗色线,都和谐成了一首诗,有铿锵的韵调,有清浊的节奏,也是一幅画,有自然得体的章法,有浑然一体的意境。这里我们庆祝林女士的成功。(伯克:《〈财狂〉评》)

布景和灯光,这不能不归功于林徽因女士的精心设计,建筑师的匠心。一座富于诗意的小楼,玲珑地伫立在那里,弯弯的扶梯……远远的小月亮门,掩映着多年没有整理的葡萄架,含羞逼真的树木,是多么清幽……台上的一草一木,一石一阶,件件都能熨帖观众每一个细胞呢。(岚岚:《看了〈财狂〉后》)

原来,民国时期的舞美这么风光,现在的剧评,提到舞美几乎是一带而过,吹捧导演、主演的倒是一堆。

1937年，林徽因写出了平生第一部，也是唯一一部剧作：话剧《梅真同他们》。原定四幕剧，由于抗战爆发只完成了前三部。就思想性而言，这部没有结尾的话剧，甚至是剧情还在铺陈当中的话剧，高峰和辗转还没有出现，自然无从谈起。就文学性而言……这个俺不懂，不胡说。留下的仅有印象是：这是部京味儿戏，里面很多台词俚语都是北京方言。

　　林徽因在"致编者信"中阐明了创作宗旨与创作意图："我所见到的人生戏剧价值都是一些淡香清苦如茶的人生滋味，不过这些场合需有水一般的流动性……像梅真那样一个聪明的女孩子在李家算是一个丫头，她的环境极可怜难处。在两点钟的时间限制下，她的行动，对己对人的种种处置，便是我所要人注意的，这便是我的戏。"

　　于是俺就更加不懂了……

　　除去话剧，林徽因也喜欢京剧。1931年11月，林徽因和徐志摩几乎整月都泡在戏院里看京剧。

　　林徽因喜欢京剧，大约是受了徐志摩和金岳霖的影响。尤其是金岳霖，喜欢京剧到了痴迷的地步，据说能票整本的《失空斩》，家里还收藏了许多京剧名家灌录的唱片。林徽因9岁到北京定居，对京戏应该不陌生，甚至有理由怀疑是她影响了金岳霖，因为老金在留学之前好像没有来过北京。

　　网上谣传，说梅兰芳对林徽因非常敬重，到了当面林徽因而不敢落座的程度。相信这个说法的，一定是智障禅师的亲传弟子。真正的事实是，林徽因痴迷梅兰芳到了"发疯的程度"，而对梅兰芳不敢落座。

设想一下，如果林徽因终生从事舞台设计会如何？那她的地位，一定比焦菊隐、欧阳山尊的地位要高。依照她的性格，肯定会写剧本、当导演，甚至有可能拍电影，那样，中国就少了好几个人：中国第一位女建筑师、中国第一位女考古学家、中国第一位女剧评人。

句句是真情

熟悉林徽因的人都知道,她性格不好,尤其喜欢骂人。

学生回忆:极尽挖苦嘲讽

林徽因在东北大学执教时,就喜欢骂人。网上流传着一个有关她骂人的轶闻:

一位早年毕业于清华受教于林徽因的女士。她对自己老师的才貌称赞有加,钦佩至极。我们问及林徽因的个性脾气时,她谈了林执教东北大学时一件事。学建筑要学绘画,一次上素描课,画石膏头像。有个男同学,翻来覆去老是画不好。林徽因自身才气高,悟性强，画也好，教学生不免急于求成，恨铁不成钢，急得脱口说，这简直不像人画的。那学生受不了，一气之下转了系，后来成了另一专业的教授。

这句骂远没有我小时候听到的难听，可是因为学生反应强烈，事情就大条了。比如老师骂学生是笨蛋，学生听完就忘了，事情就过去了；可是人家听完你这句话，直接跑出去自杀了，老师估计也就干到头了，搞不好还要负刑事责任。看来林徽因没有我的老师幸运。

罗哲文先生是林徽因的唯一弟子。他从1940年开始追随梁思成、林徽因夫妇，一直到1955年林徽因去世、1972年梁思成去世。他们接触最多的时候，是在四川宜宾。这是林徽因第一次真正要面对的人生考验，骂人的毛病就抑制不住了。

不单是罗哲文先生，王世襄先生也是在李庄时期加入中国营造学社的。他的回忆里也有林徽因骂人的经历。当时避难李庄的人也有过类似回忆，说是林徽因因为梁从诫和村里的"土包子"玩在一起，让林徽因倍感难过和沮丧。林徽因给美国朋友费慰梅的信中也说李庄"是个让人诅咒的地方"。

林徽因在李庄情绪不好，除了身体原因，还有其他原因。由于战时物价疯涨、物质匮乏，导致梁思成、林徽因以及林徽因的生母、两个孩子都处在严重营养不良的困窘之中。梁家只能靠典当家当维持生计，甚至在写给美国朋友的信里，都有期望救助的意味。事业方面，梁思成、林徽因供职的中国营造学社在战前依靠庚款支持，战争开始后，掌管庚款的中美文化教育基金会中断了很多项目，其中包括对中国营造学社的援助。插一句，此时的蒋中正先生（介石是人家的字，没必要叫得那么亲密）依然在履行清政府在赔款方面的责任，一边申请美援抗日、一边勒紧腰带偿还赔款，这就是蒋先生当时的奇葩举动。《最是伤心落魄时》曾经提到在李庄时期的林徽因。林徽因个人由于肺炎加重，一直卧床休息。对于她这样生性活泼、喜欢社交的人而言，这种活法既无聊又尴尬——有躺在行军床上的名媛吗？有盖着旧被子撕心裂肺咳嗽的名媛吗？有孩子在地上满地打滚的名媛吗？

清华大学时期的林徽因也经常骂人。一个清华大学建筑系毕业的学生说，他"导师的导师"回忆，林徽因执教时，对学生的错误极尽挖苦嘲讽，让他的祖师爷"羞愧欲绝"——这显然有些夸张。林徽因不是杨修，不是骆宾王，更不是祢衡，没有把人骂死的能力。不过，无论是临时工还是正式工，林徽因在实际上都承担了清华大学建筑系的教学任务，在人民翻身做主的社会主义新中国，身为教授的林徽因依然敢骂人，这个学生恐怕是笨到没天理了。

我们上学时也听老师说过：我骂你是爱护你。要是我们也能这样爱老师就好了……

同事的评价：不团结同志

1953年，在保护北京古建筑时，林徽因骂过吴晗。据说吴晗很"有涵"，被指着鼻子骂也不还口。

林徽因骂吴晗，是因为北京城。梁思成和林徽因夫妇对北京古建筑有着特殊的感情，早年中国营造学社的一大部分经济来源，就是修缮北京古建筑，中国营造学社的很多人，后来都是北平文物整理委员会的骨干；梁思成夫妇加入中国营造学社的第一项工作，就是考察平津地区古建，而林徽因在建筑方面的第一部专业著作，就是《平郊建筑杂录》。北京解放前夕，解放军曾经找到梁思成夫妇，希望他们帮忙把北京的古建筑标注出来，避免攻城时遭遇战火之虞。《全国重要文物建筑简目》这本新中国第一本重要古建名录，就是在梁思成夫妇对新中国古建筑保护的第一份贡献。曾几何时，共产党爱护古建筑的举动让梁思成大为感动，感觉自己留下来是留对了。

新中国成立不过五年，曾经热衷于北京城保护的政府就开始了大规模的拆建，包括梁思成在内的很多人都很不理解。据吴良镛回忆，1954年，也就是林徽因去世的前一年，她还拖着病体找到北京市政府，又指着吴晗的鼻子骂："你们拆的是具有八百年历史的真古董！将来，你们迟早会后悔，那个时候你们要盖的就是假古董！"吴晗依旧不作声。

同济大学教授陈从周回忆道，虽然那时林徽因肺病已重，喉音失嗓，"然而在她的神情与气氛中，真是句句是深情。"

有个叫陈宇的（别问我是谁，度娘都不知道）曾经在1983年到林徽因去世时所在单位清华大学，拜访了一位跟她接触颇多的领导同志。他非常敬佩林徽因的才华，介绍了她抱病参加国徽和人民英雄纪念碑的设计工作，还介绍了她的学术成就。当我们问及林徽因的为人处世时，他不经意地说："林徽因有点不善于团结同志。"

林徽因的性格里，从来没有妥协和忍让。这种性格混社会，被人诟病也属正常。

亲友：这小林，一点面子也不讲

最早见识到林徽因淑女的另一面的，是梁启超，他在给自己女儿的信中提到，"初到宾州大学念书时，徽因和思成之间经历了感情的斗争，有时爆发为激烈的争吵。他们二人脾气秉性很不相同，在结婚之前的这段时间里需要好好进行调整。"

林徽因的弟弟林宣回忆，一次林徽因去胡适家，刚到人家门口，便扭头离去。正好撞上胡适从外面回来，问为何进门而不入，林徽因指着门说"你看看"，原来门上贴一字条，意思是工作时间，恕不会客。胡适马上堆起笑脸，赔不是道："那是对别人的，不是对你的！"当即撕下字条，林徽因才消了气。

梁思庄的女儿吴荔明对林徽因的性格也颇有认识："……二舅妈林徽因是'刀子嘴豆腐心'，别看她嘴巴很厉害但心眼好。她喜怒形于色，绝对真实。"有如此的性格特点，有时就免不了跟人发生摩擦，引起误解。

周志兵（梁从诫与前妻周如枚之子）说："其实说起来，我觉得我爷爷挺不容易，娶了个美女加才女，上午谈莎士比亚，下午谈汉武帝，如果不学习肯定跟不上。而且林徽因身体不好，肯定有情绪，再加上她本来也就有些大小姐脾气，心直口快。"

费慰梅在《梁思成与林徽因》里写道：

徽因就像她历来的那样，对于周围事物是极端敏感的。当她休息好了的时候，她对于美丽的景色和有意思的遭遇报以极端的喜悦。但是当她累了或由于某种原因情绪低落的时候，她可能是难对付的。当环境不好的时候我们大家都不好受,可是她在这种时候就会大声咒骂起来,这对于从小就受到父母教育要"为了别人做一个好运动员"的我来说刺激可就大了。我开始怀疑。她面对现实而大声抗议;而我,作为一个"好运动员"却静静地、消极地等待它的过去,到底谁对?可能两个都对,可能两个都不对。我们是两个不同的人,两种出自完全不同教养的人。

罗哲文先生生前认为,林徽因英年早逝,的确是件伤心事,但是如果她亲眼目睹了整个北京城的消失,以及"文革",她遭受的苦难恐怕要更多,心里的创痛恐怕也要更巨。

马背上的美人

在20世纪30年代初,林徽因喜欢骑马,在北京颇有名气。萧乾在《才女林徽因》中记道:

听说徽因得了很严重的肺病,还经常得卧床休息。可她哪像个病人,穿了一身骑马装(她常和费正清与夫人威尔玛去外国人俱乐部骑马)。她对我说的第一句话是:"你是用感情写作的,这很难得。"给了我很大的鼓舞。

1935年,林徽因给费慰梅的信中回忆了自己和费慰梅在一起的情形:

我在双重文化养育下长大。不容否认,双重文化的滋养对我不可或缺。在你们真正进入我们生活之前,我总觉精神贫乏,若有所失……金秋和初冬那些野餐、骑马,使我的整个世界焕然一新。

林徽因还有过骑马这种有国际范儿的生活?值得探究一下。

幸福的北京人

林徽因从东北回到北京后,到1937年日军入侵之前,北京有段相对平稳的时期,有人把1928年—1937年的这段时间,称为北京的"黄金十年"。这十年里,北京城头变幻大王旗,但是对普通人的生活,似乎没有太大影响。这段时间,北京还出过几个口碑不错的市长:1928年时,北平市市长是西北军系的何其巩,是冯玉祥的人,这个人后来做过大学校长,算是个文化人;1930年左右,蒋冯阎大战,阎锡山得胜,派来的市长叫张荫梧,1949年后死在监狱里;第三个比较有影响的是周大文,就是京剧演员刘长瑜的父亲,是奉系张学良的人;第四个就是今天相对比较知名的袁良,是国民党政学系的,算是与梁思成有一定渊源。

在黄金十年里,多数北京人并未感觉到战争的恐怖。军阀混战的主战场,也从来不是北京。从全国来看,这一时期也是国家相对稳定的时期——这个稳定是相对之前的北洋军阀混战时期,以及之后的抗战和内战时期。

赵珩在《百年旧痕》里写了当时北京普通人的幸福生活:

那时一般人工资能有多少？从低的往高说。先说保姆，那时叫"老妈子"，当时保姆没有现在这样全国各地流通的，北京的保姆基本上来自河北三河县，"三河出老妈"，都是三河一个一个介绍来的。她们的工资一般是两块银元一个月，这属于最低的了，这两块银元如果买对虾能买二三十斤。但是实际收入绝不止两块钱，因为还有赏钱，比如主人家打牌，她要抽一点头，主人都会给一点赏，逢年过节有点赏，很多三河县的保姆把这个钱入了会，"会"是一个地下银行，都放在可靠的人那儿，你用或者是给别人用，给他们一点利息。我们家的保姆也是入"会"的。保姆在主人家住着，主要用主人家的，吃住都不花钱，水电不花钱，洗手的胰子、卫生纸等等这都不花钱，干落两块钱，所以有人这么攒攒攒，一个月就算攒一块五，一年十五块，两三年几十块，那时候买一亩地也就几十块钱，有的人就在三河县买了地。解放前夕，当老妈子当成了地主、富农的也不是没有。

三年保姆就能在老家买地，当保姆当成了地主，可见当年在北京打工比今天在北京打工收入高多了。

笔者翻阅资料，发现了一个奇怪的现象，就像当时的京海文人对骂一样。北京沉浸在一种很莫名的自豪之中，虽然不是首都，也从来不怕任何军阀，大有天下山河尽在我手的气度。把脑袋想开花也想不出这种自豪究竟是从哪里来的。

外国人的天堂

比北京土著感到更幸福的,是外国人。前北京使馆区是根据1901年签订的不平等条约——《辛丑条约》划定的,其中最特别的两项,就是外国人可以在使馆区"常驻兵队,分保使馆",而"中国人民概不准在界内居住"。

1945年抗战胜利后,国民党政府有过接受北京使馆区的章程,不过是把日、德、意等敌国财产充公,"原为同盟国或中立国政府所有之资产,应于证明属实后,准其继续保有。"外国军队虽然没有了,但是北京专门成立一个警务所,有关使馆区的一应事务,必须到这个警务所去处理。其实性质跟上海的巡捕房差不了多少,依法办事还是依"外交规则"办事,还是洋大人说了算。这种特别对待,导致当时的东交民巷使馆区,成了一个很奇怪的地方:说它是使馆区内,里面没有对应级别的外交人员居住,倒成了外国人的居住地;说它是租界,外国人也不交地租,因为这是政府发还他们的合法资产;说它是中国领土,中国人依然不能在那里自由活动。因此,从清末到新中国成立前,北京几乎一直是外国人的天堂。东交民巷的繁华是用法外治权和"国中之国"的特权换来的。当时很多中国人对此感到愤恨,但也无可奈何。梁实秋早年定居北京时,情愿多绕几里路,也不愿穿越东交民巷使馆区,看那些外国大兵的耀武扬威。

外国人的感受,与多数北京人全然不同。当时生活在北京的《纽约时报》记者阿班美滋滋地回忆:

那些日子里，一个住在北京的外国人，如果挣的是美元或英镑，即便入息微薄，照样可过钟鸣鼎食的生活，算下来居然还无甚开销。我那手艺高超的厨子每月薪水不到五美元，头号仆人比他少一美元，还要既当管家，又当贴身侍从。另一个仆人老王替我洗衣、熨衣、擦鞋，外加照料菜园子，每月才挣十四块中国货币。

埃德加·斯诺的夫人海伦·斯诺在晚年回忆录《我在中国的岁月》里也对北京充满了美好回忆：

北京以东方治安最好的城市而闻名。交通警察都是些彪形大汉、相貌英俊的山东人，显出一副快活、友好的神态。我极少看到在上海司空见惯的那种凶残劲儿，上海那帮子印度巡捕，经常在大街上用警棍敲打黄包车夫和苦力们的脑壳。北京有上水道、下水道、电灯以及有轨电车设施……

布置整个住宅的全部费用约为一百美元，约合四百到五百大洋。我们在北京期间，每月生活费大约为五十美元——我们过得像王侯一般。每月八十块大洋的伙食费，大约是二十美元，包括正式请客的费用在内。因为外汇率变了，我们的花费更少。房租十五美元，两位仆人每月八美元，中文教员五美元。

与今天到北京来闯世界的外国人不同，老北京时期的外国人，基本都是外交官、情报人员、政治投机分子、军火贩子、报社记者等等，总体素质还比较高，所以他们能够在北京继续复制和保持西方"上流社会的生活"。

费正清在《观察中国》一书中也提到了这段奇怪的时期：

从1901年到1937年新征服者来临之前的这段时间，是外国人在北京少有的快乐时期，是一个外国人享有特权和特殊自由的时代，他们可以毫无阻碍地深入到中国人的生活中。20世纪初，在北京的外国人同13世纪的蒙古部落首领或17世纪的满族领袖或马可·波罗所见到的凯姆布鲁克和法斯卡尔领导的天文局一样，有一种特殊的身份（我们现在称之为治外法权）。而且，他们生活在自己的文化模式中，赌赛马或信仰上帝。对在他们家中和办公室勤快工作的中国仆人来说，文化共生现象像是一篇古老的传说。

骑马：比高大上还高大上

文前萧乾所指的外国人俱乐部，就是今天的国际俱乐部。这个俱乐部始建于1911年，为美国人用庚子赔款建设，原址在台基厂大街8号，现在是北京市统战部老干部俱乐部，不对外开放。1937年"七七"事变前，当时的北京俱乐部曾更名为"西绅总会"，会员主要是自诩为绅士的西方人，尤其以美国人为主。1949年被北平军管会接管，新中国成立后更名为北京国际俱乐部；1973年，俱乐部搬迁到今天的建外大街21号，与国际大厦隔街相望。现在的国际俱乐部饭店，于1995年翻建、1997年开业，美国总统布什在2002年和2005年两次访华期间都住在这里。

与现在的大量企业进驻不同，当时的国际俱乐部只是少数人的乐园，虽然没有挂华人不得入内的牌子，但约定俗成只限于使馆人员活动，连外国商人都被拒之门外。解放以后的很长时间，国际俱乐部也仅限于外国使节和中国驻外人员，上级单位是外交部，如果没资格在外交部财务司报销，就没资格在这里消费。

有句玩笑说，北京最有势力的不是张大帅，也不是蒋委员长，而是西绅总会。

当时的北京城，被外国人视为体味东方生活的天堂，他们崇尚的北京生活模式，就是"租住一座清代的皇宫，摆上种种古玩，训练一大帮仆役，款待访问的贵人名流。周末，你还要在西山租赁一座古庙，在跑马场养一群马匹，供打马球、乘骑、赛马之用。你要去北京俱乐部打网球，去狗展把你的狗给人看"。

记者阿班对北京的生活满是怀念：

那时的北平社交生活，大约从未有复制，也是万难再复原的。除公使馆卫队外，偌大的北平，平均只有区区两千六百名美欧人士居住。外币在这里值大钱，因此娱乐活动都是极尽奢华的。北平俱乐部、法国俱乐部、德国俱乐部以及八宝山的高尔夫俱乐部，都是让人流连忘返的所在。京城城墙外数英里处，便是赛马会，更是个快乐无比的地方。西方人几乎人人有能力在西山租个废弃的小寺院，作为避暑的别墅。冬天时，总有三个月可以滑冰。

北京西绅俱乐部的跑马场，大概位于今天的西便门外莲花池附近，面积大约200亩，原来是清王室的马场，在庚子事变以后，外国人就从顺天府里要了这块地，开始办西式马术比赛。1911年建成，每年春、秋两季举行赛马会。久而久之，围绕跑马场周边，别墅、高尔夫球场、打猎俱乐部等设施开始慢慢多了起来，比较荒凉的莲花池成了北京外国人的乐园。据说每逢有赛马或什么活动，都有上万人聚集在这里。

絮絮叨叨这么多，好像没提到林徽因骑马的事儿。这篇短文的目的，是为了分析萧乾在括号内写的那句话：她常和费正清与夫人威尔玛去外国人俱乐部骑马。林徽因能在外国人俱乐部骑马，说明几个事实：作为海龟，林徽因和美国人的关系不错；作为官二代，林徽因的生活还不错，属于有钱又有闲的阶层；喜欢骑马，这是女王综合征之一。

这也说明，林徽因的病，梁思成治不了……

奢靡贵妇

很多人说林徽因傲娇、有气质，却从来没有注意，人家的气质，绝对不是空穴来风，而是实实在在的环境培养出来的。

林徽因从小家境优越，虽然老家在福州，但她出生在杭州，成长在北京，上了当时教育质量最好的教会学校。到了少年时期，又随父亲游历各国，见过很多大人物。注意，人家的游历可不是今天的跟团游，如果非要拿今天比较，大致比国务访问低不少，却比学术访问要高出不少。俗话说"居移气、养移体"，林徽因在结婚前就过着在今天看来都足以让无数人羡慕的生活。

林徽因的婚礼，在中华民国驻加拿大大使馆举行。当时是梁思成的大姐夫周希哲在那里担任大使。结婚后马上开始在各国蜜月旅行，费用全部由公公梁启超负担。据说这笔钱的数额大约是3000元，是梁启超准备贴补林徽因的留学费用，改成旅游经费是二人商量好的。

林徽因回国是1928年。1926—1936年"一块钱"购买力相当于今天的30—35元人民币，3000块大洋相当于今天10万元人民币。算是豪华游了。不仅如此，林徽因的旅行结婚还是自由行，每到一个地方，梁思成和林徽因都会租用或借用一辆汽车自驾游。别问我是从哪里知道的，林徽因的照片里有很多是和汽车一起合影的。

人家的这次旅游，放到今天会是什么水平？全程波音787宽体客机头等舱（相当于当时的旅行火车和飞机头等舱）无缝衔接，落地后转湾流小型飞机或私人游艇（相当于当时的小汽车），全程私人专属摄影师配斯坦尼康、六轴航拍器（相当于梁思成同学的照相机）……不要觉得夸张，当时的北京人连去趟天津都得准备好几天，很多人害怕照相机把魂儿勾走，看到老外依然认为是长毛怪。没办法，我们落后啊。

回到国内后，林徽因在东北大学月薪400元。这是民国时期中国女性所能拿到的最高工资，目前还没有任何史料证明，当时的中国女性月薪有超过她的。甚至纵观整个民国时期，除了少数靠写书、演戏挣钱的极例外女性，像胡蝶、张爱玲等，能够在收入上和林徽因一较高低，但单就"固定工资"而言，没有一个能与之比肩，包括留学回来的谢婉莹，也包括留学回来的凌叔华。因此，在民国时期，活得最像一个贵妇的，也是林徽因。

抗战前的富足生活

就像梁从诫所说，留学回国到抗战之前，是林徽因最幸福的时期，所以这段值得大书特书。这段时间林徽因的生活有多奢侈？不妨从几个方面来佐证一下：

骑马：

在《马背上的美人》章节，专门说了林徽因骑马的故事。千万别小看了"骑马"这项运动，这是目前国内唯一能和玩私人飞机叫板的贵族运动，连游艇俱乐部都要低人一头。2016年年初，笔者曾经到青岛一家专门培育汗血宝马的公司去参观，这家公司在新疆伊犁有马场和草场，在北京和青岛都有跑马场和俱乐部，算是国内有名的企业。据这家公司的老板介绍，在国内混马术俱乐部，首先要交一大笔入会费，几十万、上百万不等；还要交年费，也是几十万、上百万不等；如果有自己的马匹，还要交"寄养费"，也是几十万、上百万不等。此外，为了骑马还要自己置办行头，头盔、防护背心、马裤、马术袜、马靴、手套、头盔包，如果觉得还不够高大上，可以从国外定制包括人和马的所有装备，马鞍、马镫……

林徽因不可能在外国人的马术俱乐部养一匹马，但是骑马的装备总是要自己配齐的。费慰梅回忆："徽因买到了一对马靴、一套暖和的衫裤以及一顶舒服的皮帽子，兴致勃勃地扮演着她的新角色——女骑师。"

依照林徽因的好强性格，您觉得花多少钱才能让她高高兴兴地骑马？

太太客厅：

除去偶尔为之的骑马，"太太客厅"的维系也是一笔不小的费用。虽然林徽因不是太太客厅的真正主人（这个故事专门有交代），但起码的待客之道还是要有的。作为双双留美的夫妻，让客人品尝到正宗的美式下午茶是应尽之谊。至于这下午茶有多贵，冒爷我不知道，不过哈瓦那雪茄和哥伦比亚咖啡，起码应该有一样吧？雪茄在民国是什么价格？记得电视剧《潜伏》里有这样一段对白：

翠平：梅姐，我们家里存了一些东西，都是朋友送给老余的礼物，压在箱子里也没什么用，我想着您认识人多，你看看能不能帮忙，给换成金条。

站长太太：你呀，早该想到这一步了，现在什么都是假的，只有金元宝才是真格的，你家里有些什么东西呀？

翠平：就是些字画什么的，瓷瓶瓷罐，首饰，还有烟土。

站长太太：首饰别卖，留着自己用。

翠平：不少呢，我哪用得着那么多呀，我怕用不过来。再说了，以后回老家了，也就戴个镯子、坠子什么的，别的那都不兴戴，换成金条回家买地最顶用。还有外国的那种洋烟，很粗的。

站长太太：那叫雪茄，可值钱了，专卖给美国人的。

翠平小声地：那烟土呢？

站长太太连忙点头：烟土？那就更值钱了。

精通黑市的梅姐认为雪茄很值钱，那就一定很值钱。

至于咖啡，估计是梁家置办不起的，另外有人提供。

住房：

1931年，林徽因从香山养病回来，定居北京东城北总布胡同三号，一直住到抗战爆发。

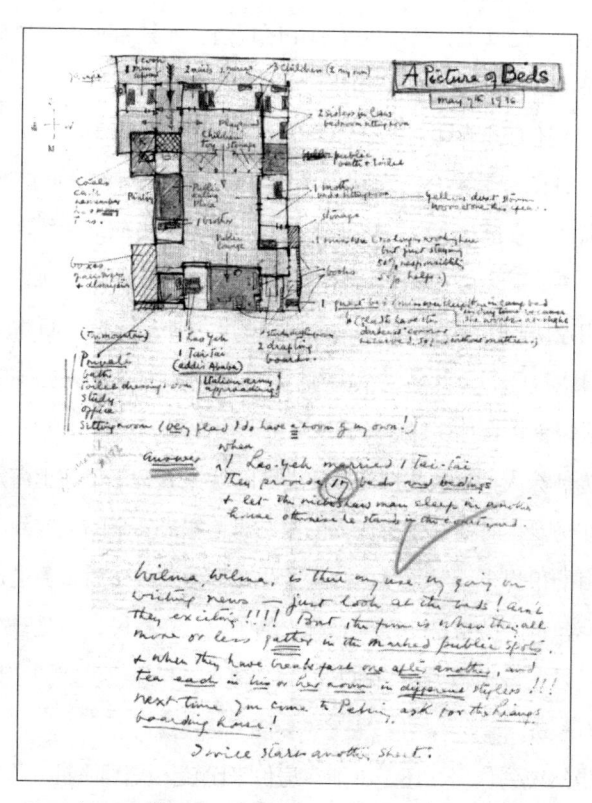

1936年，林徽因在写给费慰梅的一封信中手绘北总布胡同三号院平面图

今天的北总布胡同虽然破破烂烂，在民国时期，却是个绝对高大上的地方，是当时北京权贵云集之地。总布胡同之所以成为北京地标，最大优势在于离使馆区和故宫都比较近。1933年，北平市政府曾经普查全城房价，最贵的自然是西交民巷和东交民巷，高出全城均价七八倍以上；其次就是使馆区周边，尤其当时较为规整的总布胡同。因此，总布胡同集中了大量名流。在总布胡同住过的历史文化名人还有孔祥熙、李宗仁、李济深、张学良、张澜、王首道、龙云、史良、李德全、李烛尘、钱昌照、陆定一、史迪威、程思远、李昌、李运昌，以及梁思成夫妇的朋友陈岱孙、金岳霖、费正清，等等。梁家旁边的2号院，是美国石油大王洛克菲勒基金会董事长用建协和医院的余料为其父母建的宅子，后来归一日本官僚居住。日本投降后，此宅为军调部国民党代表驻地，后来归国民党第11战区司令长官孙连仲居住。

为什么人们喜欢扎堆住在使馆区附近？1933年，在上海定居的鲁迅在写专栏时透露了有钱人的小心思："最安全的地方到底也还是上海的租界上。"（《中国人的生命圈》），然后，鲁迅还装了一把屌丝："房租是一定要贵起来的了，这在蚁民，也是一个大打击，所以还得想想另外的地方。"这劲儿，和那位设定"小目标"的爷有一拼。

虽然说到住房，还是不能拿房价来比较。民国时期，北京的一个小四合院大约价值法币一千元，如果按照今天的房屋价值折算，得上亿元人民币！再加上当时不受70年产权限制……你知道今天的北京房价有多少泡沫了吧？

林徽因能够在这段时间内维持贵妇生活，主要得益于丈夫的高收入。从东北回到北京后，一直到抗战爆发前，林徽因虽然没有收入，但是梁思成在中国营造学社的固定工资是400元（林徽因的工资好像也是，没有确切证据，不提了），依然能够把家庭生活维持在一个较高水准。

我们试着扒一扒梁家的账单。有一份资料说，梁家在总布胡同安顿下来后，有三四个用人，还有辆包车。一个用人一个月一两块钱，包辆洋车一个月八到十块（参照骆驼祥子），一个月雇工的费用在二十块以内。

当时北京普通人的生活是什么水平？1930年，北平市社会调查所记账式调查全城工薪阶层的家庭收入，调查对象共有2300家，包括小学教员、人力车夫、三等巡警、纺织厂工人和店员，每家平均月收入16块大洋，根本活不下去。

写到这里，想起杜甫的朱门酒肉臭的名篇了……

避难时期：比很多人幸福很多倍

了解林徽因的多半知道，抗战时期是林徽因最惨的时候，不过这个"最惨"，也是相对人家自己，跟普通老百姓无关。

在昆明的时候，梁家虽然很困窘，但是还算富足。能够在当地盖得起房子，算是个直接证明。费慰梅后来回忆说，梁家在盖房子的时候，已经留出了保姆房，可见是打算雇用人伺候的。

林徽因在昆明时，还闹过笑话，大家听说（只是听说，未必是真的）她上街买菜，觉得是个大新闻，四处传告。李健吾感慨说:"她是林长民的女公子,梁启超的儿媳……他们享受惯了荣华富贵,如今真就那样勇敢,接受了上天派给祖国的这份苦难的命运?"

好景不长,昆明的短暂停留后,梁家被迫往四川李庄转移。就是在这个辗转过程中,林徽因的病情开始加重,梁家的负担也随之加重。即便如此,梁家还是比多数避难李庄的家庭要好。《费正清对华回忆录》描述:

> 梁家的生活仍像过去一样始终充满着错综复杂的情况,如今生活水准下降,使原来错综复杂的关系显得基本和单纯了。首先是用人问题。由于工资太贵,大部分用人都只得辞退,只留下一名女仆,虽然行动迟钝,但性情温和,品行端正,为不使她伤心而留了下来。这样,思成就只能在卧病于床的夫人指点下自行担当大部分煮饭烧菜的家务事。其次是性格问题。老太太(林徽因的母亲)有她自己的生活习惯,抱怨为什么一定要离开北京;思成喜欢吃辣的,而徽因喜欢吃酸的,等等。第三是亲友问题。我刚到梁家就看到已有一位来自叙州府的空军军官,他是徽因弟弟的朋友(徽因的弟弟也是飞行员,被日军击落)。在我离开前,梁思庄(梁思成的妹妹)从北京燕京大学,经上海、汉口、湖南、桂林,中途穿越日军防线,抵达这里,她已有五年没有见到亲人了。

李庄时期,两家虽然在不停地典当东西、变卖贵重物品,但总体还是要优于其他家庭,比如还能继续留用女仆、接待客人、收留亲属等等。除去梁思成在史语所或断或续的工资外,朋友的救济成为梁家的重要经济来源。比如傅斯年为梁家兄弟申请的两万元救济金（是否实收，存疑），比如费正清夫妇从美国寄钱寄物，金岳霖寄钱或寄卖物品，等等。此外，还有梁思成为美国人工作，以及向国外杂志投稿和出版作品等零星收入。

抗战期间，经济崩溃、物资紧缺、物价腾涨，卧病在床的林徽因能够撑过这段艰难岁月，不仅需要梁思成的悉心照顾、自己的坚强意志，同样需要相当的物质保证。

抗战后：低调的奢华

抗战胜利后，梁家回到北京。由于梁思成主持清华大学建筑系，梁家在新林院有了一栋别墅，这是清华大学为教授们建造的。

清华大学是全国少数在抗战后保持经费充足、实现逆生长的大学。别的学校在忙于恢复旧制，而清华大学在重新得到庚子赔款的支持和中央政府的重视后，开始大肆扩张。很多西南联大的学生和教师，都追随梅贻琦到了北京，可谓人才济济。毫不夸张地说，没有哪家学校能在战后与清华一争高低，中央大学也没有这个实力。

战后梁家的条件好到什么程度？

1947年，从美国回来的梁思成买了辆克莱斯勒牌汽车。一辆簇新的克莱斯勒牌汽车多少钱不知道，但一辆二手福特能卖2000美金可以作为参照。战后不过两年时间，梁思成就能自己掏钱，买一辆小汽车，收入的确不菲。

清华大学新林院8号梁思成、林徽因故居

能拥有一辆小汽车,在牛人遍地的清华也属罕见。郑孝燮回忆:

我于1949年夏天从武汉到北平清华大学建筑系任教。建筑系的师生关系很亲切,大家习惯称呼梁思成教授为梁先生或梁公,称呼夫人林徽因教授为林先生。到清华后我才第一次见到林先生,比我和梁先生于1941年在重庆中央大学建筑系的初次见面要晚八年。梁公和林先生住清华大学新林院8号。那是一处单层独栋的西式住宅,橙色的砖墙,灰色石板瓦的四面坡,屋顶门窗多朝南,阳光充足。四周还有绿篱围成的绿化庭院。住房后面比别家多了一间汽车房。梁公那时有一辆银灰色自己开的小汽车,车特小,大家叫它"小臭虫"。

1952年"院系大调整"后,林徽因丢掉了清华大学兼职教师的工作,为了消遣时间,"长期包用一辆人力三轮车,车主叫老曹。当林徽因想要出去遛弯散心或者在附近访客的时候,就让老曹用三轮车载着她;只有进城的时候,她才会用梁思成的小汽车。"

解放后还有私家车,林徽因在新中国绝对算得上一号人物。

最美演讲者

如果追究徐志摩是怎么死的,很多徐志摩的死忠粉都会在心里暗骂林徽因:要不是林徽因的那一场演讲,徐志摩怎么会骤然殒命?

1931年11月19日,林徽因在协和小礼堂为外国驻华使节演讲《中国的宫室建筑艺术》。这是一场非常重要的演讲,林徽因和徐志摩约好,徐志摩一定会从上海赶回来参加。为了这场约会,徐志摩连夜冒雨乘机回北平,孰料飞机失事,一约竟成永诀。

徐志摩的死,是中国文学界的一大损失……不说了。

回过头来看看林徽因,她居然能为驻华使节演讲?从听众对象看,都是驻华使节,那驻华使节是什么人物?那都是代表各国政府的官员,这些人代表的,可不是拍拍手、鼓鼓掌、吃吃饭的酱油党,而是实实在在代表国家利益和形象的。当然,最高使节一般都在中央政府所在地南京，北京相当于直辖市，应该设总领事馆。林徽因能邀请几十位外交官，好拉风啊……

生死之约的背后故事

1931年，在中国近代史上是个不得不说的年份。那一年，不仅发生了"九一八"事变，还发生了很多大事，比如蒋中正发动了三次围剿"共匪"，结果把中华苏维埃政府剿成立了；国民政府正式公布《中华民国训政时期约法》，"以党治国"的独裁统治开始受法律保障；墨西哥发生了排华事件，大批华人逃离……

当然，这一切的一切，与北京"上流社会"的关系不是很大。1930年，北京由河北辖市升级为院辖市，有了类似直辖市的地位；国民政府推行的"繁荣北平"计划，已经初见成效，大批关外难民的涌入，并没有影响到北京人的生活；由于大学整顿基本完成，北京有了北大、清华等高校，被誉为"中国的波士顿"。

由于使馆区的特权依旧存在，各国驻北京总领馆的官员数量并未减少，地位却实在让人羞于启齿——大人物都到南京去了，北京这几年像个娘们儿一样被各路大仙儿拉来拽去，虽然社会稳定，可是没有外交职能的外交官，那可真是没毛的凤凰不如鸡了。

林徽因是有毛的凤凰。林徽因是谁？是中国营造学社的职员。营造学社的老板是谁？朱启钤。朱启钤是谁？朱洛筠的父亲。朱洛筠是谁？张学铭的妻子。张学铭是谁？张作霖次子、张学良胞弟。张学良是谁？1931年的北京话事人，中华民国海陆空军副总司令、中央军事委员会副委员长。至于张学良和林徽因的关系，另有文章说明。这样的人物在北京举办演讲会，外交官们肯定会捧场的。

即便没有这层关系，林徽因的面子似乎也值得捧场。林徽因是北京有名的社交名媛（这个故事也另有文章），留美硕士，冠绝京华，又说得一口好外语，听知性美人讲中国宫廷建筑，那是既赏心又悦目的美事。

中国第一位女演讲明星

林徽因喜欢演讲，可能是天性使然，但擅长演讲，则是受了家人的影响。

林徽因的父辈里，长民、觉民、尹民、肇民都是革命者，比较擅长演讲的就有两位：林长民和林觉民。

林长民是林徽因的父亲，就是他"点燃了五四运动的导火索"。他"躯干短小，而英发之慨呈于眉宇。貌癯而气腴，美髯飘动，益形其精神之健旺，言语则简括有力"。因为口才好、视野开阔，林长民成为"国民外交"中的优异者，被长期派驻国外。据说，徐志摩"爱上"林长民，就是因为林长民那篇著名的演讲《恋爱与婚姻》。

林觉民是林徽因的叔叔，此人简直是演讲鬼才。据说他演讲时"拍案捶胸，声泪俱下"，听过他演讲的清廷官员大为惊惧："亡大清者，必此辈也！"在相对封闭的福建，他居然能说动家里的女眷放脚（不裹小脚），动员了十几个女眷去上学。参加广州起义被捕后，他"侃侃而谈，畅论世界大势，以笔立言，立尽两纸，书至激烈处，解衣磅礴，以手捶胸"。连逮捕他的水师提督都受了蛊惑，想留他性命。林觉民的《与妻书》，也是大情大义之作。

在这样的家庭里，"出道"最早的林徽因秉承家学，似乎也不难理解。

林徽因的演讲履历，最早可以推到1920年。当时，16岁的林徽因随父亲出国游历，在出席中国留德学会组织的欢迎茶会时，林徽因就作了演讲。1920年，多数中国妇女还不识字，之后诸多女性名流还没有机会出头露面，因此说林徽因是中国第一位女演讲明星，并不为过。

林徽因的第二次演讲，是在1928年回福州省亲时。她应邀到乌石山第一中学演讲。这件事在1988年后仍被当地津津乐道：

在探亲寻根之余，身为建筑大师的林徽因不忘教书育人，努力为家乡人民传授最先进的建筑理念，她曾为乌石山第一中学演讲《建筑与文学》，为仓前山英华中学演讲《园林建筑艺术》，还为其叔林天民设计福州东街文艺剧场（今址为福州聚春园），成为当时福州的著名景点。如果允许的话，林徽因也许会永远定居在她热爱的家乡，与叔父共同勾画榕城的美好蓝图，使福州建筑成为中西文化交汇的典范。

林徽因与福州的实质性关系实在乏善可陈。如果没有回家探亲偶尔为之的演讲，她恐怕就没有理由与冰心、卢隐并称为"福州三杰"了。

明明有实力，只能拼颜值

演讲的最大诀窍就是控制场面，这恰恰是林徽因最擅长的。费慰梅回忆：

老朋友会记得她是怎样滔滔不绝地垄断了整个谈话……话题从诙谐的轶事到敏锐的分析，从明智的忠告到突发的愤怒，从发狂的热情到深刻的蔑视，几乎无所不包。她总是聚会的中心和领袖人物。

能够把听众的注意力完全吸引到自己身上，自然能够让他们专注地倾听，至于是欣赏人还是欣赏演讲，其实本质上还是一回事。无论关注什么，终究会回到话题本身上来，观众自然也就成了听众。女儿梁再冰在很小的时候就发现了母亲的特点："我妈这个人很爱说话，她很健谈，所以人家都记得她。到了人多的时候，好像就我妈一人在那说，侃侃而谈。"

尽管有天赋、有实力，人们关心林徽因的，依然是她的风度和传说。

1933年，29岁的林徽因应邀到北京贝满女中演讲。贝满女中也是教会学校，出过很多名人，比如李德全（不是雍正身边的，是冯玉祥身边的）、冰心等。林徽因的这次演讲，在学校自然引起了轰动，当时的贝满女中学生、北京大学教授郭心晖回忆：

一九三二年或一九三三年，林徽因到贝满女中为我们讲演《中国建筑的美》。

她穿的衣服不太多，也不少。该是春天或秋天，当时这类活动一般都排在上午，在大礼堂。我们是教会学校，穿着朴素，像修女似的。见到林徽因服饰时髦漂亮，相貌又极美，真像是从天而降的仙女。

林徽因身材不高，娇小玲珑，是我平生见的最美的女子。她讲话虽不幽默，却吸引人。当时我们似乎都忘了听讲，只顾看她人。

陈教授当时"忘了听讲，只顾看她人"，在现在看来属于典型的脑残粉。

1934年，林徽因应邀到燕京大学演讲，演讲的题目是《中国的塔》。就像在贝满女中一样，依旧是"吃瓜群众"、脑残粉居多。中国科学院院士、北京大学教授侯仁之回忆：

五十多年前，当我还在北平燕京大学本科学习的时候，每个学期学校总要举办几次"大学讲演"，主讲人大都是从校外请来的知名学者，学生们可以自由参加听讲。我在这一讲座上听过一些名家的讲演，如胡适讲传记文学，葛利普讲古生物学等，都颇开眼界。大约是在1934年秋天的一次大学讲演，主讲人是林徽因先生，讲题是中国的塔。我决心去听讲，并不是我对塔的建筑有多大兴趣，主要是慕名前往。可是再也没想到，这一次精彩的讲座，却启发了我对古典建筑艺术的感受。

侯仁之这么牛的人，居然在50年后还能记住大学时期偶尔来此演讲一次的林徽因，而且还能够在她的演讲中产生了古建筑的研究兴趣，林徽因的演讲魅力，由此可见一斑。

云南大学中文系仝振寰教授曾在1935年国立北平大学女子学院听过林徽因主讲的英国文学课：

林徽因每周来校上课两次，用英语讲授英国文学。她的英语流利，清脆悦耳，讲课亲切，活跃，谈笑风生，毫无架子，同学们极喜欢她。每次她一到校，学校立即轰动起来。她身着西服，脚穿咖啡色高跟鞋，摩登，漂亮，而又朴素高雅。女校竟如此轰动，有人开玩笑说，如果是男校，就听不成课了。

萧乾在回忆自己第一次见到林徽因时，也是被她的健谈折服：

我第一次见到林徽因是1933年11月初一个星期六的下午。沈从文先生在《大公报·文艺》上发了我的小说《蚕》以后，来信说有位绝顶聪明的小姐很喜欢我那篇小说，要我去她家吃茶。

那天，我穿着一件新洗的蓝布大褂，先骑车赶到达子营的沈家，然后与沈先生一道跨进了北总布胡同徽因那有名的"太太的客厅"。

听说徽因得了很严重的肺病，还经常得卧床休息。可她哪像个病人，穿了一身骑马装。她常和费正清与夫人威尔玛去外国人俱乐部骑马。她对我说的第一句话是："你是用感情写作的，这很难得。"给了我很大的鼓舞。她说起话来，别人几乎插不上嘴。别说沈先生和我，就连梁思成和金岳霖也只是坐在沙发上吧嗒着烟斗，连连点头称赏。徽因的健谈绝不是结了婚的妇人那种闲言碎语，而常是有学识、有见地，犀利敏捷的批评。我后来心里常想：倘若这位述而不作的小姐能像18世纪英国的约翰逊博士那样，身边也有一位博斯韦尔，把她那些充满机智、饶有风趣的话一一记载下来，那该是多么精彩的一部书啊！她从不拐弯抹角、模棱两可。这样纯学术的批评，也从来没有人记仇。我常常折服于徽因过人的艺术悟性。

秒杀学生和得到同行认可，显然后者更重要。清华学生、故宫博物院研究员茹竟华回忆："林先生在建筑系任教授讲课，同学们不管是不是自己选的课，都会抽空到系里来，甚至老师也不例外，聆听她的高论。"

留学生中最耀眼的星

民国时期的海龟不多，但各个都是牛的人物，很多人回到国内，都成了各自领域的开山鼻祖。要说到最牛的，不是胡适，而是我们的女主林徽因。

我这么说，是有道理的。

一、天然牛的欧美留学生

民国时期，留学生是让人羡慕的一群人，是真正的天之骄子，尤其是留学美、英等世界强国的学生，更是骄子中的骄子。

1924年，北京大学法科毕业的陶希圣到上海商务印书馆编译所任职，被海龟虐得体无完肤：

有一显明的象征可以说明每一人的待遇。我是国内大学毕业而有教书经历的，月薪八十元，坐的是三尺长、尺半宽的小桌子，加一硬板凳。桌上的墨水是工友用开水壶式的大壶向一个小瓷盂注入的。

若是日本明治大学一类学校毕业回国的人，月薪是一百二十元，桌子长到三尺半，宽到二尺，也是硬板凳。如果是日本帝国大学毕业回国者，月薪可到一百五十元，桌子长到四尺，宽到二尺半，藤椅子。桌上有水晶红、蓝墨水瓶，另加一个木架子，内分五格，可以分类存稿。

若是欧美一般大学毕业回国的留学生，月薪可至二百元，桌椅同于日本帝国大学的留学生。如果是英国牛津、剑桥，美国耶鲁、哈佛，而回国后有大学教授经历，那就是各部主任，月薪二百五十元，在待遇上顶了天。桌子上有拉上拉下的盖，除自己坐藤椅外，还有一个便凳子，预备来接洽工作的人坐。

要知道，这段话是1955年陶希圣讲给学生的，对于31年前的受虐经历，他记得这么清楚，可见心里怨愤到了极点。对于国内对留学生的看重，更是让他愤愤不平：

一个人从学校到社会，是他一生事业的起点。国内学生好像从山脚爬起，要爬到二千尺，是很困难的。留学生回国也许是从一千尺爬起，爬到二千尺便比较容易了。

当时的商务印书馆，的确很"崇洋"，编辑以学历定待遇，一个英美名牌大学毕业的博士，月薪200～250元，留日博士，月薪

100～150元，而一个国内大学毕业生，月薪只有60～90元。

从1872年第一批官派留学生开始，中国的海外留学热先后经历了日本热—庚款留学热—日本热—欧美热四个阶段。林徽因留学回国时，美国留学生的地位已经超过了日本留学生，当时有"西洋一等，东洋二等，国内三等"的说法，把留美称为"镀金"，留日称为"镀银"。到了抗战爆发以及胜利后，美国跻身世界超级大国序列，是中国的盟友和带头大哥，留美学生的地位更是稳如磐石。很多留学生回国后，直接成为大学的创系主任，像梁思成创建了东北大学建筑系和清华大学建筑系，金岳霖创建了清华大学哲学系，陈岱孙在第二年就担任了清华大学经济系主任，都与留学美国有必然关系。

看过《围城》的人应该记得，方鸿渐买了个并不存在的克莱登大学文凭，居然也能混进大学当教授，可见许地山的小说《三博士》所说的"留洋回来，假如倒霉也可以当一个大学教授"，还真不是小说家言。

林徽因留学美国，是中国第一位有学历的舞美设计师，又有一批留美学生朋友，想不引人注目都难。

二、留学期间成绩优异

关于林徽因和梁思成的求学故事。国内所有传记的内容几乎都来自费慰梅所著的《梁思成和林徽因》，然后在此基础上加以臆断、推测；然后下一个人在引用时，这些臆断和推测就有了"依据"。所以，还是老实列出费慰梅的原话，读者大大都是人才，想必能有自己的臆断和推测。

费慰梅奶奶的原话是：

1924年，和思成及陈植一道从康奈尔大学来宾大读书的徽因，接到一个使人不安的消息：建筑系只收男生。泄露出来的解释是：建筑系学生必须整夜画图，因此无人陪伴的女人在场就是不适当的。她没有办法，只好和其他女学生一起注册上了美术系。本来是她热心要上建筑系才促使思成和陈植来到了宾大，结果她自己反而上不了建筑系，这真是无法接受的。事实上她也没有接受。大学的档案表明，从1926学年春季她就是建筑设计的业余助教，而1926—1927学年就是建筑设计的业余教师了。她是怎样打破大学的规定的，我们不得而知。反正从第一年开始，她就和思成一起上课了。建筑系一位年轻的教师约翰·哈贝孙，后来是一位著名的建筑师，报告说他们的建筑图作业做得"棒极了"。

呵呵，这段话翻译最好的是两个字：反正。因为"不知而知"，讲不明白，那干脆直接"反正"得了。在1927年，美国大学里出现了一位年仅23岁的中国籍教师？

费慰梅是林徽因最好的朋友，是最有资格解释这件事的，她居然也无法解释。这就只有一种可能，这是个乌龙事件。

费慰梅所说的"业余助教"，大概只是个勤工俭学的身份。业余本来就不在体系内，然后再加上个"助教"——我没有看过费慰梅的原著，不知道英文里是怎么描述这个职位的，个人的感觉是，林徽因可能就是个帮助老师擦擦黑板、洗洗教具的学生。

至于业余教师这个身份，有可能也是某位老师的助手，也有可能是建筑专业学生的非专业老师。建筑与美术，本来就是混为一体的，学习美术的林徽因为建筑专业的学生上几节图画课，似乎也有可能。陈学勇在《林徽因年表》里对林徽因这一经历的描述是：林徽因被宾夕法尼亚大学美术学院建筑系聘请为"建筑设计事务助理"及"设计指导教师"，聘用日期截至1927年6月30日。"设计指导教师"的身份，勉强能算老师了。

与林徽因有相同经历的还有梁思成的同学陈植，1927年2月，陈植从宾大建筑系毕业，获建筑学士学位，转入该校建筑研究院深造。继续求学期间，他在校担任水彩画辅导工作，又在费城事务所兼职。可见，这是个勤工俭学的工作。再联想到梁启超曾经劝阻林徽因不要勤工俭学，就有理由推测她在学校的工作是什么情形了。

可以确信的是，宾夕法尼亚大学没有为林徽因打破先例。因为这件事当时国内外媒体都没有报道，宾夕法尼亚大学是中华民国建筑师的圣地，很多建筑大师都从那里毕业，他们从来没有提及这样一件值得自己和国人骄傲的事。

没有成为宾大教师，林徽因同样值得称道。无论是旁听生还是教学助理，她的图上作业能得到老师的称赞，更能说明她的优异。

林徽因成绩优异，体现在离开宾大、到耶鲁大学学习舞台设计。在耶鲁学习期间，她曾经主持设计过一台舞台美术。

三、最早登上美国报纸的女留学生

起步早，成名自然也早。在美国留学时的林徽因，依然是当之无愧的女主角。

1928年3月，《图画时报》刊登了林徽因的消息，具体内容之前有过，这里不再灌水了。

林徽因的美国同学也发现了这位来自中国的学生，同学比斯林就为报纸写过林徽因的专访：

她坐在靠近窗户能够俯视校园中一条小径的椅子上，俯身向一张绘图桌。她那瘦削的身影匍匐在那巨大的建筑习题上，当它同其他三十到四十张习题一起挂在巨大的判分室的墙上时，将会获得很高的奖赏。这样说并非捕风捉影，因为她的作业总是得到最高的分数或偶尔得第二。她不苟言笑，幽默而谦逊，从不把自己的成就挂在嘴边。

"我曾跟着父亲走遍了欧洲。在旅途中我第一次产生了学习建筑的梦想。现代西方的古典建筑启发了我，使我充满了要带一些回国的欲望。我们需要一种能使建筑物数百年不朽的良好建筑理论。"

"然后我就在英国上了中学。英国女孩子并不像美国女孩子那样一上来就这么友好。她们的传统似乎使得她们变得那么不自然地矜持。"

"对于美国女孩子——那些小野鸭子们你怎么看？"

回答是轻轻一笑。她的面颊上显现出一对色彩美妙的、浅浅的酒窝。细细的眉毛抬向她那严格按照女大学生式样梳成的云鬓。

"开始我的姑姑阿姨们不肯让我到美国来。她们怕那些小野鸭子,也怕我受她们的影响,也变成像她们一样。我得承认刚开始的时候我认为她们很傻。但是后来当你已看透了表面的时候,你就会发现她们是世界上最好的伴侣。在中国一个女孩子的价值完全取决于她的家庭。而在这里,有一种我所喜欢的民主精神。"

(《中国姑娘将自己献身于拯救她的祖国的艺术——在美国大学读书的菲莉斯》,刊于1926年1月17日《蒙塔那报》)

1924年,吴佩孚登上《时代周刊》,成为第一个登上美国媒体的中国名人;1926年,那位充满东方魅力的女性宋美龄,还没有嫁给蒋中正。林徽因是不是第一位登上外国媒体的中国女性?我看行。

四、留学生中的明星

就像后来人们所说的,林徽因走到哪里都能引起别人的关注、让自己成为中心人物。费慰梅说:

据同学们说,中国来的"拳匪学生"都是非常刻板和死硬的,只有"菲莉斯"(这里人们这么叫徽因)和本杰明·陈是例外。她是异乎寻常的美丽、活泼和聪明,说得一口流利的英语,而且天生又善于和周围的人搞好关系。本杰明·陈则常在大学里的合唱俱乐部里唱歌,是学生当中最西方化的一个,也是最受欢迎的男生。他总是满脸笑容,非常幽默,老爱开玩笑。

美国同学回忆，大部分的中国学生都不苟言笑，只有两个人除外，他们就是Benjemin Chen 和Phyllis，陈植和林徽因。本杰明·陈就是刚才提到的陈植，是梁思成在清华学堂里的同班同学，当年就异常活跃，担任清华学堂青年学会会长，但由于他身材矮小，在清华同学毕业册的人物介绍专栏这样写着，他是"青年部会长"。

在美国的日子里，林徽因继续自己的戏剧人生。她加入了中华戏剧改进社。余上沅给胡适的信里提到："近来在美国的戏剧同志，已经组织了一个中华戏剧改进社，社员有林徽因、梁思成、梁实秋、顾一樵、瞿士英、张嘉铸、熊佛西、熊正瑾等十余人，分头用功，希望将来有一些贡献。"余上沅同学后来和林徽因同学打过口水战，大家还记得吗？

朱湘给闻一多的信中写道："有梁思成君建筑校舍，有骆启荣君担任雕刻，有吾兄（指闻一多）书写壁画，有余上沅、赵太侔君开办剧院，又有园亭池沼花卉草木以培郭沫若兄之诗思，以逗林徽因女士之清歌，而郁达夫兄年来之悲苦得借此消失。"

除去引起中国同学和美国同学的瞩目，林徽因还干了件大事：邀请胡适到费城演讲。本来林徽因没这个面子，但是她巧妙借助徐志摩在自己与胡适之间架起了友谊之桥，那封信写得极其"艺术"，胡适只能抽身到费城做了场演讲。——这是我们今天看了胡适日记才知道的。当时那些在懵懂中的留学生和美国师生，看到林徽因用一纸书信就很轻松地把大名鼎鼎的胡适从哥伦比亚请到了费城，除了集体发出惊叹，好像也没有更好的表示了。

上过美国报纸、当过美国助教、被国人寄予厚望，林徽因堪称民国时期的最牛海龟。

多才设计师

林徽因最有成就的身份是什么？不是诗人，不是建筑师，也不是林长民的女公子、梁启超的长媳，也不是徐志摩的知己、冰心的仇人，而是一位设计师。现在，就让我们来见识一下林徽因作为设计师的一生。

很早就显露了设计天赋

1923年12月1日，林徽因在《晨报五周年纪念增刊》发表了自己的唯一译作《夜莺与玫瑰》，同时还为这本增刊设计了封面。编后语《感谢》称赞："全部图案可以代表四个要素：一、正义；二、光明；三、平和；四、永久。"设计用黑白图案，主题是钟楼,大约是暮鼓晨钟的意思,意味着光明将驱散黑暗;钟楼下面是荡着涟漪的水面,宁静而安详;钟楼的上方是和平鸽,寓意为和平和希望;水岸边是一层层树林,树林后面一轮太阳正在升起。晨报本身取义一日之计在于晨,钟楼是中国元素,和平鸽和太阳是国际元素,还是比较讨巧的。至于设计水平,一个出生于19世纪初期的16岁姑娘,难道你还能要求她做得更好吗?

编后语《感谢》还特意指出:

尺棰女士是闺秀笃学家,美术、文学的造诣很深,封面图案和《夜莺与玫瑰》一篇译作,虽不能代表女士的全部学识,也可以看出女士的天才几分。

晨报里的"天才"二字,注定了林徽因与设计的终身缘分。

大学学习设计专业

1924年,林徽因和梁思成一起到美国,准备在宾夕法尼亚大学学习建筑。据说由于建筑系不招收女学生,加上建筑系和美术系又同属美术学院,于是林徽因就进入美术系读书,选修了建筑学课程。事实上,林徽因选择美术正好符合她的性格,要不然在之后的建筑绘图中,枯燥而严谨的案上作业估计能把她逼疯。读过关于她的一些文章就知道,她不是一个安静的女子。

林徽因学习美术似乎如鱼得水。费慰梅说,她在当年的圣诞卡设计大赛中获了奖。这个奖在当时和现在都比较小儿科：首先设计圣诞卡就是件很小的事，只能算是设计专业的游戏之作；其次，这个奖项是全美的？还是全州的？如果只是美术学院或者美术系的课余作业，那获奖应该是很自然的事，毕竟不是谁都愿意花很多功夫去做这种过后即忘的作品。

很快，林徽因就担任了宾大建筑系的"建筑设计事务助理"及"设计指导教师"，这两个职务之前说过，大约是勤工俭学或者是义务服务的一种，千万不要以为这是真正的教师身份。

林徽因在设计上崭露头角，是以美术学士的身份从宾大毕业，考入耶鲁大学戏剧学院学习舞台美术。这个专业离设计很近，离架上绘画却很远。纪录片《梁思成和林徽因》里，曾经展示了林徽因在耶鲁的话剧舞美作品，这件作品以照片的形式收集在耶鲁大学。仅凭这一点，她就值得我们骄傲一阵子，她可能是中国第一位女舞美设计师，肯定是第一个接受过西方专业教育和训练的中国舞美设计师。

回国后执教大学美术设计

1928年，林徽因随丈夫回国，到东北大学创建建筑系。在创系之初，梁思成和林徽因是仅有的教师，据说学生也仅有不到20个，直到第二学期好友兼同学陈植、童寯等赶来捧场，局面才有所改变。

1926年圣诞节,林徽因设计的圣诞卡片

东北大学校史专家王国钧介绍，由于梁思成和林徽因留学于美国，所以在教学方式上完全采取了英美式的教学方式：在学派上以"美学与技术综合"为主；在教学方法上采用师带徒，座席不按年级划分；在学制上设计课不随年级走。整个建筑系开设的课程，基本上与宾夕法尼亚大学的建筑系课程相同，有图案、图画、营造法、应用力学、铁石式木工、图式力学、营造则例、卫生学、炭画、水彩、雕饰史、图式几何、阴影、透视学、宫室史（西洋）、宫室史（中国）、美术史（西洋）、东洋美术史、营业法、合同法。梁思成希望通过这些课程实现他"东西营造方法并重"的理念，培养对中国式建筑具有标准审美的建筑师。

如此，梁思成两口子的教学任务一下子就变得非常繁重。按说林徽因应该会承担更多的教学工作，可是到最后她实际承担的是"雕饰史"这门非常生僻的课（东北大学建筑系学习的主要内容是以西方为完全主导的现代建筑理论，而雕饰则更多地体现在中国传统建筑上）。后来，林徽因建议增设一门专业英语课，自己亲自任教。可以看出，在这个时候，梁林二人依然计划把西方建筑理念的火种传入中国，没有和古建筑打交道的任何想法。

就像在大学时一样，林徽因最耀眼的成就不是建筑教学，而是艺术设计。1929年，张学良倡议设计东北大学校徽，林徽因设计成具有东北特点的"白山黑水"图案，首先以东北地域文化的特征入画，将校徽设计成圆形图案，在中心圆内的花朵上书有东北大学校训"知行合一"，圆外上半部为环形半圆体，正面有八卦中艮卦符号，两侧分别书"东北大学"校名，大篆字体，是东三省博物馆委员长金梁的墨迹；圆下方嵌入白山黑水图案，图案两侧绘有动物，左虎右龙，反映了东北虎的雄姿和黑龙江喜龙之态。此项设计在众多作品中脱颖而出，林徽因获得400元大洋的奖励。

据说把东北称为"白山黑水"，就是从林徽因在设计里提出后才传遍全国的，简单看了一下，好像是《金纪》里首先提出的。这里就不仔细揣摩了，留待有心人考证吧。

林徽因在东北大学任课较少，是因为当年她怀孕在身，自顾尚且不暇。我们肯定她的坚持，同时也要承认，在教学上，她实在无力兼顾更多。

搞设计的文学青年

从东北回到北京后，林徽因开始文学创作，但是设计依然是值得大家非常倚重的"必杀技"。1931年8月2日，北京《晨报》"剧刊"三十二期发表林徽因的舞台美术评论《设计和幕后困难问题》。这是林徽因回到国内以后，唯一一次有关舞台美术的评论，结果被在美国时结识的中华戏剧改进社的朋友余上沅组团狂虐，林徽因随即发表文章结束论争，后来舞台美术这个圈子再也没了林徽因的身影。要不是与陈治策、余上沅两位当时已经在话剧界颇有名气的大腕争执，林徽因会不会在舞台美术上继续走下去？这真是个让人惋惜的猜想。

之后，林徽因先后设计了几个图书封面，例如1931年8月15日，林徽因为沈从文小说《神巫之爱》绘制插图《祈福》；1934年为陈梦家的诗集《铁马集》设计封面；1934年5月1日，《学文》月刊创刊，林徽因为杂志设计封面。

据当事人回忆，林徽因曾经参与了《大公报·文艺副刊》的版面设计。依照她的性格、与沈从文以及继任者萧乾的关系，似乎也有可能。

用一句流行的话讲，林徽因是平面设计师里写诗写得最好的，是诗人里搞平面设计做得最好的。

公认的作品多是设计作品

新中国成立后，林徽因的设计才能开始显现。

1949年，林徽因参与设计国徽。清华国徽设计的组织者和主持人主要是林徽因，国徽设计小组成员朱畅中回忆：

梁思成和林徽因先生在清华大学新林院8号家中召集营建系教师莫宗江、李宗津、朱畅中、汪国瑜、胡允敬、张昌龄一同开会，组成国徽设计小组。林徽因先生首先给我的任务，是让我去画天安门，她要我去系里资料室找出以前中国营造学社测绘天安门的实测图作参考。

林徽因先生提出了"国徽"和"商标"区别问题，进行讨论。林先生向我们展示了一些国家的"国徽"和家族"族徽"以及一些商品的"商标"，作了分析比较，提出了精辟的见解，梁先生也阐述了自己对国徽设计的基本原则和要求。

决定性的日子是1950年6月20日。政协全委会在当日下午召开国徽审查会议。周恩来总理和到会成员对清华大学和中央美术学院两家提出的方案进行了审议，最后，清华大学营建系设计的第二图当选。

在这庄严的时刻，受特邀出席大会的林徽因泪花簌簌。

国徽设计是林徽因的事业顶峰。作为一个美国教育出身的知识分子、一个连清华大学正式编制都没有混到的病人，林徽因用自己的实力证明了自己在设计方面无与伦比的智慧和创造力。

1953年，梁思成访问苏联期间，林徽因担任人民英雄纪念碑建筑委员会委员，组织清华大学建筑系参与了人民英雄纪念碑的碑座设计纹饰和花圈浮雕图案的任务。

此外，北京传统工艺景泰蓝的恢复，林徽因也贡献巨大。吴良镛回忆：

解放后，因帝国主义的封锁，工艺美术（当时称为"特种工艺"）外销受阻，整个行业的生活都有困难，当时的轻工部长黄炎培在1951年初召开座谈会研究对策，涉及老艺人的保护及如何在设计进行继承与创新问题（其实，这个问题今天也未能妥善地解决）。在此情况下，梁、林先生勇敢地希望在景泰蓝设计上能有所突破，与刚从美国归来的常沙娜、来清华执教的钱美华，以及清华的莫宗江教授等一起进行研究，创作新的图案，饶有传统的文化精神，又耳目一新。1953年第一届全国文联大会上，美协会上江丰同志在报告中对这方面的成绩曾充分予以肯定，与此同时，我和王逊教授（当时清华哲学系美学教授）还为当时组织东欧博览会设计布置选择工艺美术专展而忙碌。在参与这类活动中，林徽因先生思想之活跃、理论之追求、想象力之敏锐，无不令人钦佩，我们都为她的激情所鼓舞。

通过实地接触，很多人对林徽因在设计方面的才能非常钦佩。原中央美术学院院长常沙娜回忆：

林先生为我们对中国历代装饰图案（包括建筑装饰、各类青铜玉器、服饰等），进行多种的比较、分析。生动地传授了历代的文化背景及相互影响演变、发展特征，她像个活辞典，博古通今地指点讲解。

清华大学建筑系学生、中国工程院院士关肇邺回忆：

她的学识极广，谈论问题总是旁征博引而且富有激情。对于设计的评论，她的眼光总是敏锐而语言总是坦率的。

语言天才

她8岁前在杭州生活,被一群福建人围着,学了杭州话和福建话。

8—9岁,她在上海生活,学了些上海话。

10—19岁,她在北京生活,学了北京话和英语。

16岁,她随父亲在欧洲游历,在伦敦定居半年,还专门聘请了老师辅导英语,有了一口纯正的伦敦音。

19岁时,她就表现出了极高的语言天赋,翻译了王尔德的童话《夜莺与玫瑰》。

20岁时,在溥仪接见泰戈尔时,她是英文翻译,之后还能用英语为老诗人表演话剧。

20—24岁时,她在美国留学,学了美式英语。

25岁时,她担任东北大学建筑系教授,建议增设"专业英语"课,亲自任讲此课。这是我国第一门建筑外语专业课。

31岁时，她在国立北平大学女子文理学院外语系教《英国文学》课。云南大学中文系全振寰教授回忆：她用英语讲授英国文学。她的英语流利、清脆悦耳，讲课亲切、活跃，谈笑风生，毫无架子，同学们极喜欢她。每次她一到学校，学校立即轰动起来。

38岁时，英国化学家李约瑟教授见到她，认为她的英语带有爱尔兰口音。

39岁时，她写信给朋友，说很久没有用中文写信，"有点儿不舒服"。

48岁时，她和丈夫翻译了《苏联卫国战争被毁地区之重建》一书，为我国战后重建提供了重要的参考依据。

在丈夫眼中，她"是个很特别的人，能和徐志摩一起，用英语探讨英国古典文学或我国新诗创作"。

在弟子眼中，她"不仅新诗著名而且在古典诗文上也很有造诣，她的英语非常之好。在当时的专家学者傅斯年、陶孟和、李济等人之中，她的英语是最出众的。我常听他们在休息日用英语畅谈，她都独领风韵"。

在美国同学眼中，她"异乎寻常的美丽、活泼和聪明，说得一口流利的英语，而且天生又善于和周围的人搞好关系"。

在中国朋友眼中，她"有极强的个人魅力，又有极高的语言天赋，不论谈论什么均能引人入胜。偶尔与丈夫拌嘴，她用英语；和母亲吵架，用的是福州话；对来自各地听众，她又说普通话。除此之外，她还常常模仿一些朋友们说话，学得惟妙惟肖"。

请原谅我用了CCTV大家体。这篇要说的，自然还是林徽因。

林徽因的英文功底，从她19岁翻译的《夜莺与玫瑰》不难发现：

"这真是个真情人。"夜莺又说着,"我所歌唱,是他尝受的苦楚:在我是乐的,在他却是悲痛。'爱'果然是件非常的东西。比翡翠还珍重,比玛瑙更宝贵。珍珠、榴石买不得他,黄金亦不能作他的代价,因为他不是在市上出卖,也不是商人贩卖的东西。"

青年说:"乐师们将在乐坛上弹弄丝竹,我那爱人也将按着弦琴的音节舞蹈。她舞得那么翩翩,莲步都不着地,华服的少年们就会艳羡地围着她。但她不同我跳舞,因我没有为她采到红玫瑰。"于是他卧倒在草里,两手掩着脸哭泣。

这段文字很优美,但是咱们都不是专业的翻译作家,不知道林徽因究竟有多厉害。山西师范大学外国语学院吕晓菲说:"《夜莺与玫瑰》自林徽因翻译之后,诸多重译本都沿用了这个名称,足见其影响力之大。"

直到20多年后的1948年44岁的巴金才再次翻译了这部作品。当时的巴金,已经是文学界的一线大腕儿了。即便如此,后来很多人还是把19岁的林徽因和44岁的巴金放在一起比较,成为英语语言研究者们津津乐道的话题。

过硬的"童子功"

据梁思庄回忆,民国时期的上流社会流行一种风气,是以能听、说、写英文为最时髦。而在中西女中,大多数课程由外国人直接用英语讲授,"这些学生确实能说流利的英语。别的学生都很羡慕她们,渴望有朝一日能达到那样的英文程度。"

林徽因的英语好,自然是由于接受过良好的语言教育。她在北京教会学校上学,这是打好语言底子的第一步。

在民国教育中,教会是不可忽略的重要一环。从1861年总理各国事务衙门成立算起,到1927年国民政府建都南京之前,北京的中央政府所在地身份,注定了北京聚集了一大批驻华使节和外国机构,是中国最重要的外交事务中心,没有之一。随之而来的外国人更是数量众多。与其他国家不同,孱弱而又落后的中国,既是西方觊觎的肥肉,也是很多外国人的政治机会和商业机会;而具有"远见卓识"的外国政客,更是把通过教育来改变中国作为重要手段。

教育中最重要的是文化教育,文化教育中最重要的是宗教传播。这66年的时间里,以庚款和宗教渗透为主要形式,美国的圣公会、雅礼会、复初会、卫理公会、本笃会,英国的循道会、伦敦会,法国的耶稣会……各国宗教在中国大肆兴办教育。

1949年8月30日,毛泽东在《"友谊",还是侵略?》一文中说:

美帝国主义比较其他帝国主义国家,在很长的时期内,更加注重精神侵略方面的活动,由宗教事业而推广到"慈善"事业和文化事业。据有人统计,美国教会、"慈善"机关在中国的投资,总额达四千一百九十万美元;在教会财产中,医药费占百分之十四点七,教育费占百分之三十八点二,宗教活动费占四十七点一。我国许多有名的学校如燕京、协和、汇文、圣约翰、金陵、东吴、之江、湘雅、华西、岭南等,都是美国人设立的。

1921—1922年"中华基督教教育调查团"报告显示，基督教教会学校（不包括天主教教会学校）在五四运动前夕有7382所，学生总数达21.4254万人。天主教教会学校学生数为14.5万人（学校数不详）。《民国时期中国教会大学办学特色简析》中记述，在鼎盛时期时教会大学共有21所，其中17所为基督教所创设，4所为罗马天主教大学所创办。北京的四大名校——清华、北大、燕京、辅仁，外国人支持的占了3个，教会支持的占了两个。教会小学—教会中学—教会大学—出国留学，几乎是一套完整的一条龙，所以到教会学校上学是民国时期的"高贵的时尚"。

不要以为教会学校是慈善机构。自从教会学校进入中国后，它的目的始终没变，就像伟人说的那样，是为了"文化侵略"（信徒可以自动把这四字转为传播福音）。教会在华主要有三大职能：医疗、育婴、赈济，育婴方面主要是育婴堂、孤儿院、盲童学校、聋哑学校等慈幼机构，就是不包括教会学校。教会学校相当于当时的清华大学预科班，是通往欧美大学的快捷通道，它是为吸引社会精英服务的，不是为了让三毛这样的失学儿童上学的。

林徽因12岁进入培华女中读书，16岁随父亲出国游历，17岁回国继续在培华上学，19岁毕业准备出国留学，先后在培华女中学习了8年时间，当时的学制是三三制（小学三年中学三年）。联想到之前林徽因从8岁起在上海"爱国小学"（不可考）读书，10岁就到了北京，一直到12岁才正式上学，期间应该有教育缺失的时期，因此上8年小学初中也勉强说得过去。

培华女中成立于1914年，是英国人创办的教会中学，除了林徽因，好像没出过什么鲜亮角色，这一点比不过冰心毕业的贝满女中。不过，当时的教会学校普遍教育不错，据考证，教会中学普遍重视面向"全人教育与文化陶养"的宗教教育（又叫"人格教育"）。弘道女中不但"学生学业程度提高，教师之教学效率增进，且对学校之整个校风，因宗教教育之实施，及个人人格感化之注重，尤能尽量使之充满诚爱勤朴之空气"；绍兴越光中学则要求学生"平日则注意各种服务事工，如练习唱诗、个人谈道、探望患病同学、招待新生等"。

既然是西方人办学，外语教育是尤其重要的。当时所有教会学校都有专门的英语课，也有专门的英语老师。1922年的贝满女中就有9名外语老师，其中英语教员9人，外籍3人，获得外国学士以上学位3人，获得教会大学学士以上学位6人，这还不包括神职人员。

教会学校还有个优点，就是现下家长梦寐以求的"小班教学"。天津基督教女青年会干事长郑汝铨回忆："我1919年进天津的中西女中读书。我们当时学生不多，在一个大房子里，大概只有200人，那时学校不像现在招太多的人。一个班一般五六个人或十几个人。"全英语教学、学生数量又少，林徽因的外语水平在这种优越的环境中得以迅速提高。

宝贵的国外生活经历

16岁随父亲游历欧洲各国，是林徽因人生中非常重要的一段经历。父女二人游历了法国、瑞典、意大利、德国和比利时，9月到达英国伦敦，随即林徽因进入圣玛丽学院学习。完全的语言土壤，让有教会学校英语基础的林徽因很快迈过语言关。唯其如此，林长民才能放心地把林徽因"寄养"在伦敦朋友家里，让女儿体验了一把国际家庭交换生的生活。林徽因能在19岁时翻译英国文学作品，与这段伦敦生活经历关系密切。

到宾夕法尼亚大学留学时，林徽因落落大方、能言善谈，语言交流的顺畅无疑给了她很大信心。经历过留学的人，才知道语言在异国他乡有多么重要。梁实秋回忆：

> 清华是预备留美的学校，所以课程的安排与众不同，上午的课如英文、作文、公民（美国的公民）、数学、地理、历史（西洋史）、生物、物理、化学、政治学、社会学、心理学……都一律用英语讲授，一律用美国出版的教科书；下午的课如国文、历史、地理、修身、哲学史、伦理学、修辞、中国文学史……一律用国语，用中国的教科书。这样划分的目的，显然是要加强英语教学，使学生多得听说英语的机会。
>
> 上午的教师一部分是美国人，一部分是能说英语的中国人。下午的教师是一些中国的老先生，好多都是在前清有过功名的。但是也有流弊，重点放在上午，下午的课就显得稀松。尤其是在毕业的时候，上午的成绩需要及格，下午的成绩则根本不在考虑之列。因此大部分学生轻视中文的课程。这是清华在教育上最大的缺点，不过鱼与熊掌不可得兼，顾了英文就不容易再顾中文，这困难的情形也是可以理解的。

清华大学最早就是为了方便国内学生到美国留学的预备班，

有点儿像幼儿园学前班，过了基础的语言关，才能在美国与同学交流，才能听懂老师的授课内容。这对于出国留学的孩子而言，是非常必要的。

在语言教学上的"崇洋媚外"，今天依然存在，外语学习机构标榜的首要优势，一定是"外教"，毕竟语言不像足球，我们有着先天的缺陷。林徽因在教会学校上学，已经领先同学一步，在国外生活和学习，基本就注定了"洋范儿"附体了。

美丽老师

尽管有羞辱学生、脾气急躁等诸多毛病，尽管很长时间是没有编制的"临时工"，林徽因总体还是一个非常敬业的老师。作为教师的林徽因，大致经历了几个阶段，第一是东北大学时期，这是她作为专职教师的唯一时期。第二是中国营造学社时期，主要集中在抗战期间，这一时期她虽然不是教师，客观上却起到了教师的作用。第三个阶段是清华大学时期。清华大学时期又可分为新中国成立前和新中国成立后两个阶段，新中国成立前的主要贡献，集中在梁思成出国访问、林徽因筹建清华大学建筑系；新中国成立后的主要贡献就是教学了。

东北大学的孕妇

1928年8月,林徽因回国,随丈夫到东北大学任教。

东北当地媒体在2014年谈及介绍了梁思成、林徽因创办东北大学建筑系的缘由:

东北大学工学院院长、梁思成清华大学的校友高惜冰已在车站等候。高惜冰告诉梁思成:你已被任命为建筑系主任、教授,建筑系已招收了一班学生,但一个专业教师都没有,也不知该开些什么课,一切都等你们来进行。创建中国第一个建筑系的重担,就这样落到了梁思成夫妇身上。

当年10月,林徽因怀孕,并在次年8月生下女儿梁再冰,除去林徽因回福建老家的时间,几乎是在到东北大学的同时,林徽因就已经怀孕了。面对刚刚创建的东北大学建筑系、面对着不良于行还要操持整个建筑系创建琐务的丈夫,林徽因别无选择,只能拖着怀孕的身体坚持上课、帮助丈夫打理一些力所能及的事情。在1928年建筑系开学到次年陈植等人到来之前,林徽因教授雕饰史课程,还主动提出开设建筑专业英语,首开中国专业英语之先河。

在东北大学建筑系的三年多时间里,林徽因主要做了四件事:一是设计了东北大学校徽,至今仍然在使用;二是创建了建筑专业外语,这恐怕在全球的语言史和建筑史上都是一件值得铭刻的事;三是与丈夫一起创建了中国第一个建筑系;四是生下了女儿梁再冰。

2012年，东北新闻网刊登了一篇文章说梁思成和林徽因"是东北大学广大师生的楷模，永远让大家怀念"。可见，二人任教时间不长，但由于有着开拓性贡献，已经成为东北大学历史上无论如何无法绕过的人物。

营造学社的病人

营造学社只是个民间建筑研究团体，并不是教学机构，之所以要把这段时间单独拿出来说说，是因为就在这段时间，我的老师罗哲文先生开始正式成为梁门弟子，梁思成、林徽因既是罗哲文的蒙师、业师、座师、经师，也是他的长辈和亲人。梁林二人真正带在身边手把手教过的学生，其实只有几位：莫宗江、卢绳、王世襄和罗哲文；而真正接过梁林古建筑研究与保护这面旗帜的，只有罗哲文一人。

罗哲文16岁进入中国营造学社，从测绘开始，逐步登入中国古代建筑堂奥。关于林徽因教导罗哲文的故事，罗哲文先生多次回忆，缅怀和感激梁林夫妇对自己的培养。罗哲文关于古建筑保护的所有技能，比如测绘、照相、外语等等，几乎都是这一时期由林徽因教授的。

2004年，在林徽因诞辰100周年的时候，罗哲文写了一篇长文回忆自己的老师。

在当时（李庄时期）学社的工作人员中年轻者居多，她鼓励我们要学外语和文学艺术,她说建筑与文学艺术是共通的。她主动教我们的英语,为我和莫宗江先生讲过英语课,但由于她身体的原因,只是开了个头。

最使我难忘的是她鼓励我们学古典诗词文学,她知道刚从中央大学建筑系毕业来学社的卢绳先生古典诗文很好,就让他为我们讲古典诗词文学。在学社中学习古典文学诗词,蔚然成风,连她和思成师都尊称卢绳为"卢老师"。我当时也十分爱好古典文学诗词,经过学习打下了一定的基础。

时光飞逝,弹指一挥,转瞬60多年过去了,但恩师林徽因先生的音容笑貌、对学生晚辈的关爱深情,特别是她那种侃侃而谈、妙语风生、博学多闻、才情洋溢的风度,尤其是对我这个当时来自山村孩子循循善导、热心教诲的恩情,使我时刻难以忘记。

就是从师从梁林开始,罗哲文踏上了长达72年的中国古建筑保护生涯,并且取得了一系列重大成就。如果说中国营造学社开启了中国古建筑研究和保护的大门,让现代科技的光明照亮了昏暗的中国古建,那么梁思成、林徽因对罗哲文的培养,就是彻底实现了他们希望后人"从诚"的期盼——从古建筑的考察研究到测绘登记再到维修保护,罗哲文以一人之力完整承接了中国营造学社的所有使命,并在72年里将其发扬光大。这种继承,不仅是事业继承,还包括学术继承、思想继承和品行继承。

清华大学的闲人

关于林徽因在清华大学的职务,前面已经说过两次,但是还想再啰唆几句。新中国成立以前是国民党统治,姑且罢了;新中国成立以后,林徽因参与了国徽设计,还"代表"清华大学国徽设计小组做了说明;人民英雄纪念碑设计,也是林徽因"代表"清华大学设计成员与北京市交涉,清华大学却始终没有发给林徽因一块表。在这里说明林徽因是清华大学的闲人,也算是小小报复一下。报复这种事,主要是自己爽,至于人家在不在乎,其实阿Q一下也是可以的。

虽然是个闲人,林徽因的教师属性没有办法因此改变。前面简介,林徽因是清华大学建筑系的筹建人和任课老师,她在这一时期的贡献,中国工程院院士、清华大学教授吴良镛体会颇深:

> 自从1945年晚春在重庆聚兴村中央研究院认识梁思成先生以后,特别是第一次在新林院与林先生长谈,以及这种"午后茶聚"和许多工作的接触等,我仿佛被引到学术殿堂的门厅中来。这个殿堂光彩照人,如七宝楼台,炫人眼目,有时简直莫知所从,但感到又可以从任何一个方向去登堂入室,道路宽阔得很。此时,尽管生活艰苦(一月薪金合多少袋麦粉),我却有一种幸福感,我优游、陶醉于学术殿堂中,我手头的工作、系务、教学等事情越来越多,工学院代理院长陶葆楷先生知道我当时在研究城市规划,就要我为土木系毕业班合开讲座……但所有这些,一点也不觉得累,而领我进学术殿堂的人就是我的恩师梁林先生。如今,我常常觉得自己的

一生能遇到好些老师，特别是我工作后能追随梁林两师，使我学有所长，非常幸运。

林徽因身体不好，但是对于教学依然十分尽心。故宫博物院高级建筑师、清华大学建筑系第二届学生茹竞华回忆：

我们每个礼拜差不多都要去一次，汇报我们的论文。她跟我们谈起话来一点不像病人，但是瘦得很，一点肉都没有，每次我们俩都得等她。去了以后，因为那个时候我们俩也真傻，事先也没有跟她打招呼，那时候也没有电话，说去就去了，去了有时候她还刚刚起来，就咳嗽，先把病难受劲过去，然后再跟我们俩谈。

能骂人，也有耐心

在《大牌怪咖》一文中提到，林徽因喜欢骂人，而且骂起来尖酸刻薄，常人不能忍受。不过如果以老师的身份出现，林徽因是当之无愧的女神。

中国工程院院士、清华大学建筑系第三届学生关肇邺：

有一次她让我画一个图画，当然我一个年轻人，我并没有很高的修养，所以我照着她给我的样子来画，画的时候我觉得有一点软，线条比较软。后来给她看，她说你这个是乾隆taste，就是乾隆趣味，就是很俗的一种趣味，乾隆taste。这种东西不能代表我们的英雄，英雄纪念碑，这不能代表我们的英雄。她马上提到乾隆的其他问题，乾隆的书法也是这样一个味道，她就可以从这个本来为的是解决一个图案一下子转到乾隆的很多事情。当然她也不是简单地说乾隆，就讲到艺术的规律，在什么样的情况下要出现什么样的艺术。后来她说你还是在盛唐时代的风格里头找灵感。

中国工程院院士、清华大学教授吴良镛回忆：

建筑系代主任吴柳生教授一见到我，要我去看住在新林院8号的林徽因先生。那天阳光很好，她也好像已从漫长的里程中休息过来，容光焕发，"欢迎你来"，接着就问我的学习、兴趣，说你是书香门第，你的"解阙"我看了，写得很好（她看到我们班在1943—1944年编印的油印本《建筑》）；然后谈到中国建筑研究，当时怎样从头做起、怎样陆续有所发现；这里摆的，那是老梁先生的（指梁启超），那是陈叔通送的。又说到桌上摆设的汉朝小猪是花一个银元在某地地摊上买的，你看它线条多么古拙、有力。

国家文物局古建筑专家组组长罗哲文回忆：

其时（1940年）林先生已经得了于当时已成不治之症的肺结核，病卧床上。当时学社招考的只录取了我一人，所以她特别关心，叫我用心学习，还说莫宗江、陈明达先生进学社时比你还小，现在已经可以独立进行调查研究工作了。你只要认真学习，一定会赶上他们的。她告诉我致平（刘致平先生）协助梁先生做的《中国建筑设计参考图集》（台基、斗拱、栏杆等10册）有图有文字，图文双解，容易懂，你可以边学边画，梁先生事情多，他是梁先生的得力助手，你要向他请教，向他学。她又说宗江（莫宗江先生）和你一样从小到学社，他的图画得很好，他正在帮梁先生画建筑史的图，你要向他好好学画图。最后她拿出梁思成先生所著《清式营造则例》一书给我，她说这是学习中国建筑的入门书，是梁先生根据清工部工程做法和其他专书资料，并采访请教了许多老工匠师傅整理出来的，许多名词术语费了很大的功夫才弄清楚。你把它的文字和图版对照看就容易懂了。

特别指出三个人的身份，是想说明林徽因学生的成就，以此肯定她的教学成就。如同普天下的教师一样，林徽因有自己的性格，也有对教学持之以恒的坚持，这是教师的美德，更是这个职业的光荣所在。

社交名媛

先说说什么是名媛。

百度里的解释是："一般是指那些出身名门、有才有貌、又经常出入时尚社交场的美女，此外，她们多对社会有所贡献，并热衷慈善。"这句话真正的内涵是"此外"之前，之后的内容，无非是为了弘扬主旋律，换作"有爱心"，大概才算到位。

旅居英国的专栏作家潘采夫写过一篇《名媛源流考》的文章，里面提到了名媛的若干标准：

民国时期，公认的名媛有陆小曼、唐瑛、林徽因等，不但容貌出众，才情也都了得，且与历史名人多有瓜葛，属于"有故事的人"。像徐志摩追陆小曼，宋子文追唐瑛，都是街头巷尾的话题，林徽因更是以"太太的客厅"闻名于世。国外咱不了解，从这几个人看,名媛还是有标准的,有才情、有名士、有社交、有故事,也许可以算得名媛的"四有标准"。照这个标准,林徽因是名媛,张爱玲就不是,才名太高固是一方面,性格孤傲没法成为名媛,当然张爱玲也不屑为之。

20世纪30年代的交际名媛胡玉兰在《真正摩登女子》中阐述了她作为名媛所理解的摩登:

女子打扮时髦、会讲洋话、会跳交际舞并不算得真正摩登,一个女子要真正可以配称摩登,至少需有下列的条件:
1.有相当学问。
2.在交际场中,能酬对,态度大方,而不讨人厌。
3.稍懂一点舞蹈。
4.能管理家政:甲、会怎样管仆人;乙、自己会烹饪;丙、能缝纫。

这个要求放在现在,大致也能说得过去。比如"相当学问"里,可能包含接受过教育、会外语,像林徽因这样的留洋女硕士是没有问题的;第二条的应对自如,是经验和信心的积累,本身也不是很难;第三条跳舞,是留学生的长项,也是民国社交中的必备;至于第四条,恐怕就很容易拉出层次了,第四项的三个要求里,乙和丙是中国式要求,会做饭和擅女红,是很多洋派学生的短板。

民国时期,社交圈里最著名的当属"南唐北陆",南有唐瑛,北有陆小曼,这两个人的江湖地位,远非林徽因可比。如果按照胡玉兰的标准，第一条林徽因就完胜，剩下的三条，林徽因胜算不大，毕竟她不是专业的交际花。

三个人相同的地方，大概就是从16岁开始进入社交场合，出道的方式都比较生猛：陆小曼在17岁那年被北洋政府外交部长顾维钧聘为兼职英语翻译，从而在北京社交圈崭露头角，后来因为离婚改嫁徐志摩一举成名；唐瑛则是因为宋子文的追求而一举成名；林徽因因为徐志摩的追求一举成名。看似陆小曼的起点更高，可是随着时间推移，陆小曼成了大烟鬼，唐瑛成了三家妻，只有林徽因和不太搭调的丈夫走完了一生，结局似乎比南唐北陆更完整些。

南唐北陆中徽因

按照光彩度来区分，唐瑛是少女时代最好，据说她从小接受了系统训练，用度全是世界名牌，也能用英语演中国戏曲，算是少年成名；而陆小曼呢？在徐志摩故世之前，她的人生就是一部罗曼蒂克消亡史：无论王赓还是徐志摩，都是她生命里的提款机，直到徐志摩死后，她突然180°转身，成了一位恪守妇道的女子，一直坚持到死。而林徽因闻名全国的时候，恰好是在中年时期。从时间上看，三个人一个少年时期让人羡慕，一个中年时期光芒四射，一个晚年时期让人钦佩，恰好能排列成南唐北陆中徽因。

这三个人中，真正掌握住自己命运的，是林徽因。

唐瑛先后嫁人三次，52岁开始寡居。第一次嫁给了一位江浙富商的儿子，两年后离婚；第二次嫁给了北洋政府国务总理熊希龄家的七公子，一年后离婚；之后嫁给了容显麟，容在1962年故世。

陆小曼嫁人两次，28岁开始寡居。比起他们来，林徽因虽然长期病卧在床并因此英年早逝（51岁），但大体还算平安。

按照才气来区分，林徽因是当之无愧的第一。

按照容貌区分，老实说，这三个人都不算美女，提起民国的美女，最有名的是中国营造学社创始人朱启钤家里的五朵金花，然后是合肥四姐妹，再有记忆的就是宋氏三姐妹。当然，像胡蝶、周璇这样靠脸吃饭的电影明星不在此列。如果非要排个顺序，估计陆小曼第一，唐瑛第二，林徽因第三。陆小曼给人印象最深的，不是外语，不是绘画，而是容貌。胡适认为她是"北平城不得不看的一道风景"，郁达夫称赞她是"震动20世纪20年代中国文艺界的普罗米修斯"，刘海粟说她"美艳绝伦，光彩照人"，连张幼仪都称赞其"媚眼诱人，秀发缠绕"。

唐瑛的美，多数是她的自成一格。据说这位美女永远与世界潮流同步，当年是上海滩引领时尚的先锋人物，据说效仿唐瑛也是上海滩的一种时尚。

没有人像称赞陆小曼那样来称赞林徽因。林徽因赢在西式教育、西式打扮，"有气质""谈吐大方"与她有关，美艳动人与她是无关的。林徽因自己也讨厌别人把她视为美女。据说老金当年常常看到梁思成为了古建筑上的某个数据而在房顶上上下下，就为梁林夫妇编了一副对联：梁上君子，林下美人。反话正用。梁思成听了很高兴，还说："我就是要做'梁上君子'，不然我怎么才能打开一条新的研究道路，岂不是纸上谈兵了吗？"可林徽因并不领情:"真讨厌,什么美人不美人,好像一个女人没有什么可做似的。我还有好些事要做呢!"

被成名的名媛

　　南唐北陆的成名,是刻意的。包括二人在上海携手出演昆曲,都是"好事者"的典型举动。而干得不好嫁得也不好的唐瑛,似乎生来就是为了成为名媛,包括她小时候接受的系统训练、家里对她不惜重金包装,注定了她只能成为飞在男人之间的蝴蝶。陆小曼的名媛路线也是围绕声色犬马、金迷纸醉来进行的。只有林徽因的周围,才是围了一批不垂涎她姿色(本身也不太有)、注重她才学的异性。

　　与南唐北陆不同的是,林徽因成为名媛,是被逼的。

　　林徽因第一次轰动国内,是与徐志摩在伦敦的故事传到了国内,这种异国邂逅、才子佳人的戏码,永远是八卦新闻的最爱;好不容易渐渐平息,泰戈尔的到来又搅动起了一池春水,直到梁林二人出国留学,八卦二次沉淀;到了1931年,林徽因和徐志摩酬唱相和,八卦又开始满天飞;好景不长,徐志摩很快折戟身亡,偏偏他是为了赶回来为林徽因捧场而慌不择"机",孰料真的当机了。事故一波接着一波,林徽因被推着走向了世人的目光。

　　徐志摩死后,金岳霖的"逐林而居"又再次给林徽因镀上了一层神秘光环:身为女子,不靠美貌惑人,却始终有人一心追随,实在是很值得推广的知音体。

冰心是把林徽因包装成社交名媛的第一推手，那篇1933年发表在《大公报》上的文章《我们太太的客厅》，一下子让林徽因成为全国首屈一指的名媛。

其实，当时，北京的"太太客厅"至少有四个，一个是凌叔华的"大小姐的客厅"，那是接待过泰戈尔的所在，胡适等北京名流是常客，名气比林徽因的客厅大很多；还有一个是陆小曼的客厅，陆小曼风流自赏，自然有一帮裙下之臣追随，也包括胡适（据说陆小曼和胡适还有不得不说的故事，不管信不信，传说还是有的）。

冰心的客厅也很有名气，这个要专门说一说。

林徽因的客厅说白了就是欧美同学会，太过高大上，本来是最低调的，结果冰心的文章一出，林徽因的客厅立即成了全中国名气最大的客厅。此种效果，估计冰心和林徽因都没有想到。

推着林徽因走进名媛序列的，还有钱钟书。他在《猫》里就几乎指着鼻子"影射"了林徽因：

要讲这位梁太太，我们非得用国语文法家所谓"最上级形容词"不可。在一切有名的太太里，她长相最好看，她为人最风流豪爽，她客厅的陈设最讲究，她请客的次数最多，请客的菜和茶点最精致丰富，她的交游最广。并且，她的丈夫最驯良，最不碍事。假使我们在这些才具之外，更申明她住在战前的北平，你马上获得结论：她是全世界文明顶古的国家里第一位高雅华贵的太太。

钱钟书的本意是丑化林徽因，可是他低估了国人的恶趣味，就像人们看《红楼梦》，只看到贾宝玉梦里呼唤秦可卿，却没有看到白茫茫一片大地真干净，人们关注到的，只是那么多的"最"字，几乎以为钱钟书是满怀羡慕嫉妒恨写完的。

"太太客厅"的名媛气质

在所有的关于林徽因"太太客厅"的描述或传说中，人们都注意到了美丽的女主人之类的吸引眼球的地方，单纯地把它视为文化现象或者干脆是奇闻怪事，没有注意到它背后隐藏着的社会背景。

费正清在《伟大的中国革命》中描述了这种集会的成因：

大致在1914年—1937年间接受了双重文化的中国留学生回国后取得的这些成就及其他成就，总有一天会被当做创造时期的果实记录下来。……这些在外国学习回来的留学生通常已争得了学术地位，而且他们出身的家庭多半是搞学问的，很少是土生土长的农民出身。他们年轻、有才能，早年学过中国经典，然后在外国学习了4年以至10年，基本上掌握了外国语和现代学识。在两种文化环境中艰苦学习20年左右，使他们真正成为具有双重文化的一代人，比过去的乃至今后的任何一代人都能填补相当深的文化壕沟。回国以后，他们在服装、谈吐，以及学术资格上都明显地出类拔萃。在他们的头脑充满了强烈的、基于新的世界观的爱国主义。这种世界观就是：在西方科学和知识普及全球之际，唯独中国处于落后境地。除了极少数汉学家之外，他们是仅有的一些能够把中国和外在世界在知识上汇合起来的人。

此外，他们的教育经验产生了他们之间的个人联系，就像中国世世代代的学者那样。这种联系以秘密的联谊会之类形式组织，……会员们利用夏天在避暑地聚会，彼此在事业上互相帮助。归国留学生的社会地位不下于古代的中国儒生。他们是为数只有几千人的小团体的成员，这些人常常光顾法律协会、哈佛广场以及纽约117街的百老汇。他们和中国的普通百姓之间还隔着很大的距离。

因此，林徽因的"太太客厅"，一定程度上是美国聚会的延续，这种形式的聚会，冰心早年留学时也是非常热衷参与的。庚款留学生也好，留美学生也好，通过聚会这种形式来保持联络、沟通信息，这才是聚会的本质。因此，梁思成也好，林徽因也好，只是聚会的召集人，人格魅力固然有之，但聚会本身的向心力，才是真正推动聚会的力量。因此，当梁思成、林徽因在李庄时，在西南联大工作的大部分留美同学，虽然极为贫苦，却依然努力保持着聚会的习惯。

这一时期的庚款学生，已经与中国知识界有了一定程度的距离，他们的价值观、审美意趣乃至生活习惯，促使他们团聚到了一起。美式下午茶所带来的美好享受，就像四川人的小麻将一样，外人是无法体会的。

美丽的女主人

本来这段话没必要再说——毕竟了解过一点点林徽因的人都知道，这是个非常有魅力的女人，但既然提到社交名媛，还是有必要把有关这方面的内容找出一些来。

既然是"太太客厅",林徽因在很多时候都是中心,林徽因也非常享受这种被围绕的生活,比如吴良镛提到的,即便是刚刚做完手术,林徽因还是愿意组织和参与这样的聚会。那个时候,没人认为她是病人,也没人愿意扫了她的兴致。

《费正清对华回忆录》里写道:

她是具有创造才华的作家、诗人,是一个具有丰富的审美能力和广博智力活动兴趣的妇女,而且她交际起来又洋溢着迷人的魅力。在这个家,或者她所在的任何场合,所有在场的人总是全都围绕着她转。

费慰梅回忆:老朋友会记得她是怎样滔滔不绝地垄断了整个谈话……话题从诙谐的轶事到敏锐的分析,从明智的忠告到突发的愤怒,从发狂的热情到深刻的蔑视,几乎无所不包。她总是聚会的中心和领袖人物。

李健吾在一篇文章里写道:

当着她的谈锋,人人低头。有一次几个人在一起聚会吃饭,不像是在林家,可能是在外面,平日这种场合,叶公超、梁宗岱这两个人,都是谈话的中心,别人很难插上嘴,这天全都不说话了。杨振声问:"公超,你怎么尽吃菜?"叶公超放下筷子,指了指对面的林徽因,林正口若悬河地说着。另一位客人说:"公超,假如徽因不在,就只听见你说话了。"叶公超说:"不对,还有宗岱。"

社交名媛 | 083

清华大学建筑学院教授、清华大学建筑系第一届学生朱自煊：

林先生气质上还是看得出来，跟电视剧上的差距比较远。现在这批年轻人，她很难，她也没有见过林先生，很难理解林先生当时的思想、感情，所以只能说最多学到一点皮毛。她思维快得不得了，有时候要跟着她走，跟着她的思维走，有时候都很难。梁先生本来很幽默，很会讲的，但是梁林在一起的时候，中心常常还是在林，而不在梁。

这四个人中，有两个中国人、两个外国人，三个是林徽因夫妇的朋友，一个是林徽因的学生，他们在评价林徽因时，用了"全都围绕着她转""垄断了整个谈话""别人很难插上嘴"等等，这说明在太太客厅里，林徽因是绝对的主角。能让一群留学回来的天之骄子静静地倾听自己的讲述，而且一听就是好几年，林徽因绝对是妖孽一般的存在。

女人如果想做名媛，就应该做林徽因那样的，不用袒胸露乳，不用参加时尚聚会，不用炫富爆料，自己在家里就能吸引一大波男粉，个个都是高大上，一粉就是好几十年。

幽默风趣、字字珠玑

说林徽因脾气不好虽是客观事实，可是林徽因毕竟不是偏执狂，因此也要注意到她积极向上的另一面，那就是风趣幽默。

陪伴一生的幽默

在英国留学时，林徽因性格中的活泼基因好像被唤醒了。

"她不苟言笑，幽默而谦逊。从不把自己的成就挂在嘴边。"留学时美国报纸采访她时，对这位年轻的中国女留学生留下了深刻的印象。

林徽因和陈植是留美同学中最为活跃的两位。陈植之前就非常贪玩儿，是个调皮的孩子，但林徽因之前几乎没有任何迹象证明她是个活泼可爱的宝宝,梁从诫回忆中也认为自己的母亲少年时期过得并不开心。

到了美国,异国他乡的崭新天地,离开了父母约束和家庭束缚的林徽因,像只冲破了藩篱的鸟儿,开始发出一阵阵欢快的鸣叫。(这是很多描写林徽因的路数,算是我给自己别扭一下。)

菲莉斯(林徽因的英文名)的乐观,在几十年后依然被她的同学存放在记忆里。据资料说,美术系三年级共有四名学生,林徽因与伊丽莎白·苏特罗友谊最深,她经常到苏特罗父母家里做客。苏特罗晚年依然清晰地记得,林徽因"是一位高雅的、可爱的姑娘,像一件精美的瓷器……而且她具有一种优雅的幽默感"。

林徽因的风趣幽默,持续了一生。

1933年时,年轻的萧乾见到了自己的文学女神,对她的好印象简直无以复加,认为林徽因的话简直字字珠玑、声声如玉:"把她那些充满机智、饶有风趣的话——记载下来,那该是多么精彩的一部书啊!"这是萧乾在临终前写的最后一篇文章,当时已经不能执笔,是萧乾口述、他人抄写的。林徽因的幽默,又被人在记忆里存了几十年。

1933年前后,正是林徽因的黄金时期,身体和文学事业的双重收获,让林徽因的精神状态格外安逸。这在她写给沈从文的信中就能看到:

文章写不好,发脾气时还要返出韵文!十一月的日子我最消化不了,听听风知道枫叶又凋零得不堪只想哭。昨天哭出的几行委曲叫它做诗日后呈正。关于云冈现状是我正在写的一短篇,那天再赶个落花流水时当送上。思成尚在平汉线边沿吃尘沙，星期六晚上可以到家。

1948年，林洙第一次见到了林徽因："她是那么健谈又有风趣。"在接触过梁林二人的琐碎生活后，林洙对这对夫妻的乐观更加深刻："他们每次谈论这些却都是那样幽默与风趣，丝毫没有牢骚和抱怨。"

关肇邺，1952年毕业于清华大学建筑系，后来又在建筑系执教，与梁家的来往频繁，据他回忆："谈论问题总是旁征博引而且富有激情，一针见血而又幽默生动。"林徽因1955年去世，在1952年时，她的身体已经完全垮掉了。即便如此，她依然能够微笑着面对生活和工作。

艰难之际的豁达

为了帮助家室庞大、经济困窘的朋友，陈岱孙、金岳霖等一些西南联大的单身汉和部分热心的"汉子难"决定成立一个互助组织，救济的方式就是把大家不是紧迫需要的物资收集起来，争取找到最合适的买家、卖出最满意的价位。上有老母、下有儿女、中有病妻，自己还没正经收入的梁思成，自然是"组织"重点关心的对象。

有一次，大约是陈岱孙代表组织给梁思成夫妇寄去了三只手表，久旱逢甘霖的林徽因自然欣喜若狂，写给陈岱孙的信也充满了欢快和愉悦。为了真实再现林徽因驾驭语言的能力，只能在这里照搬一篇几乎比这篇文章文字还多的书信来给大家看：

岱老：

从通信之频繁上看，就可以知道你新设立之"救友agency（代办处）"规模已略可观，此该受贺还是被人同情，观点不一，还是说可贺好一点。

我们复你的信刚刚发出，立刻又有"三表之讯"，好事接踵，大可兴奋。如老兄所言：二加二可等于四，我们尽管试做福尔摩斯一次。

据我的观察，现时救人救肚子，这三表如同维他命一样都是准备我们吃的。表之自然用处早已是为滋补生命而非记录时间。为其如此故据在行者说国内表已到了饱和点，故如非特别讲究或时髦的，有时颇不易"变化其气质"，正如这里牛肉之不易蒸烂！而在美国因战时工业之故，表价则相当之高。博士到底书生家死心眼，还始终以为表所含的滋补最为丰富！实可惋惜。——我的意思是恐怕一表分数人吃，无多大维他命也。

关于注明准备送到李庄之二表，我的猜想是其中有一个为博士给我们红烧的，另一个或许Nancy效法送思永家清蒸去，送者大约是两人，受其惠者亦必会是两人及两人以上无疑。这年头无论什么救济法都不免僧多粥少也。既有此猜疑，故最好先观望一些时候等他们信来，如果有思永的一个，我们尚需得其同意如何处置。

关于内中最可能属于我们的一个，梁公思成意见甚多，对其去留、烧煮、煎烤问题颇不易决定。原因是虽然我们现在蛰居乡僻，山中方七日，世上可能千年百年的时间，我们到底还需要保存时间观念，家中现时共有旧钟表六七个，除来四川那一年咬着牙为孩子上学所卖的一个闹钟外，其他已完全罢工者四，勉强可以时修、时坏、时行、时歇者二。倒着便走、立起便停者有之，周中走得好好的、周末又不走了的亦有之；玻璃破而无法配者有之，短针没有、长针尚在者有之；此外尚有老太太的被工友偷去而因丢在地上、赃物破获、表已粉碎者，及博士留有女友（E.F.）相片在壳后而表中缺两钻者。此间虽有莫宗江先生精于修表且有家伙一套，不时偏劳，不用我们花钱，但为挣扎保存时间观念而消耗去的时间与精力实不可计量！

愈是经过了困难，思公对表兴趣愈大，现已以内行自居，天天盼着弄到一只好表可以一劳永逸。据他结论如下，

（一）表分各种"made"（制造）及各种"grade"（档次）

（A）"made"最知名的是Omega、Cyma、Mavado、Tissot、Longines［都不是美国本身出，all swiss made（全是瑞士造）］及Elgin（美国所出）。

（B）各种"made"之中都可有上中下各等"grades"，所谓上者乃是从十九至廿一钻，中者十五或十七钻，下者在十五钻以下、七八个至十三钻等，但多半不写在表后。

（二）表可以以各种价钱决定其等级

（A）在战前上海，一个表，外壳平平，注：许多表价钱都落在外壳之装饰上[steel、chromium（钢、铬）等]，而价钱在百元至百五十元之间便是个可以非常经久之好表。外壳平淡、价钱在五六十元间乃中等好表，三四十乃至以下便都是如Ford、

Chevrolet（福特、雪弗兰）阶级之汽车。

（B）在战初的香港，一个表（外壳平常）价在七八十港币以上乃上等表，价在三四十以上乃中等，以下就是下等了。而梁思成本人就在那时买了一个廿二元港币之时髦表，洋洋得意了仅两年，此表便开始出花样，现在实已行将就木、病入膏肓的老太爷，老要人小心服侍还要发发脾气，最近连躺着也不走了！

话回原题上来，现在的问题是博士三表照以上标准观察的话，据你看大约是哪一种？如果是十七钻，真大可以留下"自足用"之，尤其是在我们现时之情形下，今冬粮食费用都可支持若干时日，而表的问题则实在非常狼狈。

此次胡博士[胡适（1891—1962），当时旅居美国]曾送傅胖子[傅斯年（1896—1950），时任中央研究院历史语言研究所所长]十七钻之Omega一只，外貌又时髦内容又是相当之"中等"，如果金博士所购亦有此规模，则不但我们的一个可留，你经手那一只大概亦可多榨出一点油水脂肪也。

以上关于表之知识大可帮你们变化其气质时用也。

上次所云有人坐船来替费正清，此人名George Kalé，我曾说博士或托其带现金，那完全是我神经过敏（jump into a conclusion）。因为博士说when Kalé arrives, your financial difficulty may be relieved（"Kalé到后，你们的拮据状况谅可缓解。"）等等，我又听到John Davies为端公带现票子在皮包内，因飞机出事跳伞时胁下皮包猛然震落等等（后来竟然寻到），我便二同二放在一起，以为博士或亦托人带票子来。路远通信牛头不对马嘴，我总想博士必会做出许多很聪明或很不聪明的事。

此信之主要点除向"救友agency"道谢外，便是请代检查表之等级以备思公参考决定解决之法。如果是个中表（那便是我们所盼之"好表"），再烦人带到重庆交John（即费正清）（在替手未来前，他总不会离开），而思成自己便快到重庆去了。

不过多半此表是十数元美金者，在美国表是贵东西，十数元之表大约不会太好的，如何请老兄检查，我们等你回话。［如果是cheeper grade（便宜货），当然以在昆明出脱为上算。］

不会写短信的人写起信来总是如此，奈何？还有一点笑话新闻之类，可许我翻一页过去再写一点，因为既有写长信之名，应该也有多新闻之实。

近一年来李庄风气崇尚打架，所闻所见莫不是打架；同事与同事，朋友与朋友，职员与上司，教授与校长，inter-institute（机构之间），inter-family（家庭之间）。胖子（即傅斯年）之脾气尤可观，初与本所各组，后与孟和公（陶孟和，时任中央研究院社会科学研究所所长），近与济之公（李济，时任中央研究院历史语言研究所研究员），颇似当年老金所玩之蟋蟀，好勇斗狠之处令人钦佩！！！这里许多中年人牢骚，青年人发疯自不用说，就是老年人也不能"安之"。济之老太爷已一次游重庆，最近又"将"儿子"一军"，吵着重游旧地。方桂（李方桂，时任中央研究院历史语言研究所研究员）把老太太接来之后，婆媳间弄得颇僵，（媳妇便先赴渝去看自己母亲，）老太太住了些日感到烦闷又要回重庆，因此方桂又大举奉母远行。故前星期当这里博物院（中央博物院）职员押运石器时代遗物去重庆展览之时，同船上并有七十六岁之李老太爷一人，七十三岁之李老太太一位。一舱四位就占去两李家的老人两位，虽不如石器时代之古，责任上之严重或有过之，同行之押运员当然叫苦连天。（好在方桂自己也去，只是李老太爷一人需要extra service）（特别照顾）。

近来各人生活之苦及复杂本来可以增加大家之间彼此同情，可是事有不然者。据我们观察，大家好像愈来愈酸，对人好像倾向刻薄时多、忠厚处少，大可悲也。我们近来因受教授补助金之医药补助过两次，近又有哈佛燕京之款，已被目为发洋财者，思成感到中研院史语所之酸溜溜，曾喟然叹曰：洋人固穷，华人穷则酸矣，颇有道理。好在我们对于这里各机关仍然隔阂，对于各种人之寒酸处不甚有灵敏之感觉，仍然像不大懂事之客人，三年如一日，尚能安然无事，未曾头破血流如其他衮衮诸公，差足自慰。此两三段新闻写得不够幽默，比起实在内容差得太远，但无论如何仍是gossip（闲话），除至熟好友如继侗（李继侗，时任西南联合大学生物学系教授）、叔玉（萧蘧，时任西南联合大学经济学系教授）、熙若诸公，实不足为外人道也。

徽因十一月四日

这封信写于1943年11月4日，是1997年人们整理陈岱孙遗存时发现的，时间已经过去了34年。如果没有这封信，我们还不知道，林徽因这样的娇小姐，这位认为李庄是个"可诅咒的地方"的贵妇人，在身体被摧垮、事业被拖垮，几乎只能每天卧病在床的时候，居然还有这么豁达、乐观的一面。老实说，看完这封信，我对林徽因有了更多的认识，知道她在那种极端条件下还能保持如此心情，殊为感佩。

对于自己的疾病，林徽因向来不缺乏轻松风趣：

我还是告诉你们我为什么又来住院吧。别紧张。我是来这里做一次大修。只是把各处的零件补一补，用我们建筑业的行话来说，就是堵住几处屋漏或者安上几扇纱窗。昨天傍晚，一大队实习医生、年轻的住院医生，过来和我一起检查了我的病历，就像检阅两次大战的历史似的。我们起草了各种计划（就像费正清时常做的那样），并就我的眼睛、牙齿、双肺、双肾、食谱、娱乐或哲学建立了各种小组，事无巨细包罗无遗，所以就得出了和所有关于当今世界形势的重大会议一样多的结论。同时，检查哪些部位以及什么部位有问题的大量工作已经开始，一切现代技术手段都要用上。如果结核现在还不合作，它早晚是应该合作的。这就是事物的本来逻辑。

幽默夫妻档

老夫子有句话："贤哉回也，一箪食，一瓢饮，在陋巷，人不堪其忧，回也不改其乐。贤哉回也。"不改其乐是件很难的事，但对于梁思成、林徽因夫妇而言，这又是必须做到的事。

与林徽因相比，梁思成的幽默是被公认的。几乎每个接触到的人，无论是学生、朋友，还是偶尔碰面的，都能被他的情绪感染。因此，早年清华大学建筑系的女学生提起梁思成来两眼冒绿光，一方面是这个老头永远服装整洁，哪怕妻子去世以后也是如此；另一方面是梁思成生性幽默乐观，是个很阳光的老头。

梁思成是个天生的乐观派，无论在什么时候，都能以微笑对待生活和周遭一切。从小腿有问题，但是生性乐观好动，结果让自己的身体第二次受到重创；即便肢体明显残疾，却积极参加体育锻炼，是清华预科班的体育活跃分子；在最为困窘的到李庄时期，梁思成既要照顾病妻家小，还要维持一大帮同事的吃喝生计，依然有兴致带着一帮人练习爬树，依然能在病妻的怒骂中琢磨着送到当铺里的某某物品换回了什么东西；在被挂着牌子游行的时期，依然能自嘲，依然能够笑出声来。这样性格的人，几乎是无法被击垮的。

有一封信，集中体现了梁氏夫妇的不同。1941年8月写给费正清夫妇的信，总体的风格是愉悦而轻快的，在这种氛围中，风趣幽默是必然的，但即便如此，还是能够明显看出，林徽因、梁思成、金岳霖的幽默基因各不相同，显然梁思成的要更多一些。

林徽因：思成是个慢性子，喜欢一次就做一件事情，对做家务是最不在行了。而家务事却多得很，都来找寻他，就像任何时候都有不同车次的火车到达纽约中央火车站一样。当然我仍然是站长，他可能就是那个车站！我可能被轧死，但他永远不会。老金（他在这里呆了些日子了）是那么一种客人，要么就是到火车站去送人，要么就是接人，他稍稍有些干扰正常的时刻表，但也使火车站比较吸引人一点和站长比较容易激动一点。

金岳霖：面对着站长和正在打字的车站，那旅客迷惘得说不出任何话，也做不了任何事，只能眼睁睁地看着火车开过。我曾经经过纽约的中央火车站好多次，一次也没看见过站长，但在这里却两个都实际看见了，要不然没准儿还会把站长和车站互相弄混。

梁思成：现在该车站说话了。由于建筑上的毛病，它的主桁条有相当的缺陷，而由协和医学院设计和安装的难看的钢支架现在已经用了七年，战时繁忙的车流看来已动摇了我的基础。

三个人，三种幽默，只有梁思成的最有生活气息，却又最不着烟火。

倾情绽放终不悔

困扰林徽因一生,乃至最终夺去她性命的,是肺结核。因此,林徽因的最大敌人不是女人,而是疾病。林徽因与疾病拼搏的几十年,正是她生命力最为璀璨光辉的几十年。正是这种与命运抗争、积极乐观永不言败的精神,给林徽因的生命注入了另一种迥别于同时代其他女性的独特魅力。

林徽因的肺病,病因说法不一。有说是其父林长民传染给她的,林长民有肺结核不假,但他在林徽因留学美国期间就已经去世,而此时林徽因还没有疾病发作的症状,恐怕怪不到林长民头上;但另一方面,结核杆菌的潜伏期可达10—15年之久,林长民在伦敦确诊肺结核,完全有条件传染给自己的女儿,所以林徽因的肺病也有可能是她父亲传染给她的。

有人认为是陪同梁思成前往山西考察途中被传染,这种说法还没有确实的根据——林徽因离开东北大学，回到北京香山养病的理由，就是肺疾发作，也就是1931年；而林徽因、梁思成到山西考察，则是在徐志摩死后、抗战爆发前夕，二者时间差距较大。

有说林徽因是因为在东北大学任教期间怀孕加之过度劳累所致，此说也缺乏根据：如果林徽因是在东北得病，梁思成肯定会在之后提及，梁从诫、梁再冰的回忆中应该有类似记载。

除去猜测，可以确定一点的是，在从北京逃亡昆明途中，由于没有得到及时治疗，加之长途奔逃得不到很好的休息和充足的营养，所以导致林徽因病情加重。

无论是1920年陪同林长民寓居伦敦，还是在回北京确诊、养病的1931年，或者是发病的1937年，肺结核都是不治之症。史料记载，北平第一卫生事务所1926-1931年的统计，肺结核位列死因榜第一位。20世纪30年代，全国4亿人口中有结核病患者2700万，每年有上百万人死于结核病。这么高的致病率、致死率，就是因为治疗肺结核的特效药青霉素和链霉素，此时还没有问世。

当时很多名人都是因为肺结核致死，但是如果能扛过初期，转阴后的结核病不具备传染性，能维持正常生活。鲁迅、梅兰芳的发妻王明华、瞿秋白的二婚妻子王剑虹，包括著名作家萧红，都是因为感染肺结核病很快去世的，萧红在1941年4月确诊患病，到1942年1月去世，连一年都没有坚持下来。相较而言，林徽因能够在1931年发病、1945年接受协和医生断言"不久于人世"、1955年去世，林徽因在患肺结核后还能生存二十余年，在当时的确是奇迹。

CC系的代表人物陈果夫，在抗战期间肺部就开始溃烂，只能从后背穿孔排脓，一直坚持到1951年去世。

还有更厉害的，"合肥四姐妹中"的小妹、美国耶鲁大学教授张充和，在1936年被医生诊断为肺结核，直到2015年在美国逝世，享年102岁。人家患病的时间都超过了林徽因、陈果夫的寿命。

在这些和肺结核抗争的名人里，林徽因的经济状况无疑是最差的，她能坚持活下来，并且做出了非凡成就，家庭的悉心照顾、个人的坚强意志、物质的相对充裕，缺一不可。

我们不妨循着林徽因的病情，来回顾她的一生。

1931年，是林徽因生命里极为重要的一年。2月，她被确诊为肺结核，被迫辞去东北大学职务，开始了注定一生的"临时工"生涯；这一年，在徐志摩、胡适等人的帮助下，林徽因正式开始文学创作，并迅速在北京文坛崭露头角；11月，她文学和情感上的重要伴侣徐志摩飞机失事殒命；12月，她怀孕，并在次年8月生下儿子梁从诫。也就是说，在这一年，林徽因的事业、家庭、情感，均出现了重大变故，这种变故对她后半生的影响是显而易见的。

失之桃李得之桑榆，寂寞是诗歌最好的朋友。这种变故促使林徽因迸发出了异样光彩，在这之后到1937年，林徽因在文坛上一骑绝尘，终于成为京派文学的重要战士。在这一时期，林徽因主要面对的是来自心理的压力。在确诊后的几个月内，梁思成辞去东北大学职务，回到北京林徽因身边悉心照顾。在已知自己患病、可能不久于人世的情况下，林徽因没有放弃自己，而梁思成也没有放弃这位情感上依然在流浪的病妻。

在文学上取得丰收的同时，在丈夫的纵容下，在金岳霖等一干好友的热情支持下，林徽因的"太太客厅"终于成为全国知识界、文化界一个极负盛名的聚会。参加聚会的人们，可能在文学上与林徽因没有什么共同语言——他们中的多数是留学"理工男"、清华北大教授，很多人抱实业救国、知识救国的信念，林徽因的文学活动是他们排斥甚至反感的。但是，这个女性在生命承受拷打、随时流逝的时候，依然能够积极乐观地面对一切，让他们既同情又钦佩。

这是"太太客厅"不同于当时其他聚会的地方：她的主持人是位女士，但聚在周围的，却不是陆小曼那样的声色犬马圈，也不是凌叔华那样的文人骚客圈，而是一帮在当时中国哲学、社会科学、自然科学等现代学术的先驱人物。这帮人心甘情愿地听只是学过舞美设计、在文学上有一定成就的已婚妇女口若悬河地狂喷各种知识，仿佛她上知天文下知地理中晓万物，多数时候根本插不上嘴，你能说这是文学的魅力？恐怕林徽因自己也不愿让人这样认为。

这段时间也是林徽因古建考察的开始。杨鸿勋感慨："现在，有多少建筑师会去做乡野调查？很多人都坐在空调房里，埋头造'空中之城'。但是当年先生和营造学社的同仁们一起，共测绘了2738座古建筑！那是什么年代？战乱！他们真的是拿命在做啊。"

抛开文学和客厅，我们可以认为，林徽因在得知自己身陷不治之症时，没有像林黛玉那样怨天尤人、悲悲切切、不停吐血，而是如同花树，纵然一夜放尽，也能够绽出刹那芳华。

1940年，经过从北京到昆明、从昆明到李庄的颠沛流离之后，林徽因严重透支的身体终于彻底罢工了。从1940年—1944年之间的时间里，林徽因的生命几乎都是在床上度过的。在这一时期，林徽因仿佛提前到了知天命的年纪，疾病和生活，以及疼爱她的丈夫、一对正在渐渐长大的儿女，促使她与文学渐行渐远，逐渐成为丈夫事业上的帮手，家庭中的助力。正如金岳霖所言，她逐渐对中国建筑和中国历史

倾情绽放终不悔 | 099

产生了兴趣。这种兴趣不是刚刚加入中国营造学社时期的新鲜，以及由此带来的光鲜亮丽，而是发自内心的责任和自然而然的使命感。

仔细梳理不难发现，这段时间虽然是林徽因最为困窘的艰难时期，却是她人生中最乐观、最积极的时期。在李庄期间，林徽因彻底洗尽铅华，放下了名媛贵妇的身段，开始用心地经营家庭、相夫教子。为了协助丈夫完成《中国建筑史》，她通读了二十四史，并负责其中第七章五代、宋、辽、金部分的撰写，同时还负责全书的校阅和修订，完成了诗人到建筑史学家的华丽转身。

1943年10月，青霉素开始批量生产，1944年，青霉素的生产已经能够满足所有盟国参战士兵的需要。顺便说一句，中国在1944年也成功生产出了青霉素，据说是宋子文说美国的青霉素还用不完，我们就不生产了。宋子文一生还算清廉，所以黑他是买办垄断驱使，说不过去。对于林徽因而言，青霉素的出现整整晚了15年，如果在1931年发病初期就能够用青霉素加以控制，林徽因大概就不会英年早逝。包括之后问世的链霉素，抗战后从每支50元跌到每支5元，很多家庭完全承受得起，但是对于已经积重难返的患者而言，这些药已经没什么作用了——1945年抗争胜利后，林徽因到重庆检查身体，医生断言她已经病入膏肓，不久于人世。

被医生宣判"死刑"的林徽因没有表现出丝毫的绝望。从被判死刑到返回北京的这段时间内，林徽因度过了她人生中最为清闲的时光：昆明的气候和相对富足的生活保证了她有与疾病抗争的体格，没了孩子、工作的烦扰，她的心情也变得愉悦起来。这从她给费慰梅的信中可以一窥端倪。

1946年，林徽因随西南联大一起返回北京，开始主持筹建清华大学建筑系。建系之初，建筑系只有林徽因和吴良镛两名教师，吴良镛不管琐务，草创时期的一切重担几乎全部压在林徽因身上，包括邀请吴良镛到校任职以及为他解决生活问题。

吴良镛回忆：

1947年夏，梁思成先生自美国载誉归来，看到建筑系从空空的两间房子到现在这个样子，十分高兴。

同样是在1947年，医生对林徽因二次宣判"死刑"。

张幼仪回忆：

一个朋友来对我说，林徽因在医院里，刚熬过肺结核大手术，大概活不久了。连她丈夫梁思成也从他正教书的耶鲁大学被叫了回来。做啥林徽因要见我？我要带着阿欢和孙辈去。她虚弱得不能说话，只看着我们，头摆来摆去，好像打量我，我不晓得她想看什么。

吴良镛回忆：

林先生的低烧不退，发病越来越频繁。经大夫诊断，有一个肾病情特别严重，必须尽快摘除。1947年12月，手术在今白塔寺人民医院进行，手术后据梁先生告诉我，切下来的肾放在盘中，大夫用手术刀把它拉开，里面全是脓，大夫对梁说："里面尽是这东西，人怎能好受呢？"

即便身体已经到了无可挽回的地步，林徽因依然倾情于工作。吴良镛回忆：

> 1947年5月，清华校庆，这是复员后第一次校庆，自然热闹非凡。新成立不到七八个月的清华建筑系也做了一番张罗，共辟了两个展室，展出过去营造学社的测绘成果和学生设计作业及水彩画等，引起学校很大的关注。以林先生的性格，这样的活动她是不会不参加的，那天她雇了一辆人力车，来到系馆，梁先生朋友楼光来之子楼格（当时在清华读书）把她抱上二楼的建筑系馆，我看林先生从来没有这样的兴奋，以超出一般的神采和兴趣浏览一切，预支着她的精力，可以想像回家以后，她又要花很长时间才能恢复。

对于这段时间的母亲，梁从诫也印象深刻：

> 这几年里，疾病仍在无情地侵蚀着她的生命，肉体正在一步一步地辜负着她的精神。她不得不过一种双重的生活；白天，她会见同事、朋友和学生，谈工作、谈建筑、谈文学……有时兴高采烈，滔滔不绝，以至自己和别人都忘记了她是个重病人；可是，到了夜里，却又往往整晚不停地咳嗽，在床上辗转呻吟，半夜里一次次地吃药、喝水、咯痰……夜深人静，当她这样孤身承受病痛的折磨时，再没有人能帮助她。她是那样地孤单和无望，有着难以诉说的凄苦。往往愈是这样，她白天就愈显得兴奋，似乎是想攫取某种精神上的补偿。

新中国成立后，林徽因的身体每况愈下，但是，新中国给了她更多的工作机会，包括参与设计国徽、人民英雄纪念碑等。

梁从诫回忆：

一边是病痛的折磨，一边是繁忙的工作，她就像一支两头燃烧的蜡烛。她发表了大量的有关建筑的论著，并以惊人的毅力参与首都的城市规划工作，设计了八宝山革命公墓主体建筑。她力主保存北京古城面貌，反对拆毁城墙、城楼和某些重要古建筑物，提出了修建"城墙公园"的新颖构想。为了挽救古都仅存的完整牌楼街，林徽因在一次会议上与当时的北京市负责人发生了面对面的冲突。她据理力争，甚至指着对方的鼻子大声斥责。而那时她肺病已重，以致激动时只能发出喉音，牌楼早已随着文化浩劫一同烟消云散，但林徽因当日的金刚怒吼，必将永远环绕在每一位具有良知血性的中国学者心头。为中华人民共和国设计国徽图案，是林徽因最光荣的任务。连续几个月，她呕心沥血，一次次地参与修改设计，直到方案最后确定。而这时，她已经病弱到几乎不能从座椅上站起来了。

1949年入学生陈志华：

我们每次到林先生家里请教，当时的代理系主任吴柳生就跟我们说："时间不要太长啊，早点回来，别把她累坏了。"我们越敬佩林先生，就越不敢打扰她。

真正给予林徽因致命一击的，是清华建筑系的教师集体建议：禁止林徽因参与系务、取消她"垂帘主任"的资格。理由是"一是两位先生太累，梁先生要两边跑，林先生也不能好好休息；二是林先生思想活跃，主意太多，大家有点吃不消。"这在教学管理上无可厚非，但对于为筹建建筑系立下汗马功劳、同时又无力参与教学工作的林徽因而言，这等于剥夺了她最后的权利，撕掉了她努力挽留的最后尊严。

学生朱自煊回忆：

果然，这一决定完全出乎她的意料，也是对她的满腔热情当头一瓢冷水，真有点承受不了。林先生是个绝顶聪明的人，她认为大家是嫌她烦，因此十分委曲。她斜靠在床头，面前一张小画板，这就是她的工作室。她对我讲由于身体虚弱，一条小毛巾都拧不干，但工作放不下，她不断在小板上做设计、写文章，为办好这个系，为新中国的建筑和艺术事业发展而费尽她的心血，但常常不被理解。我虽然再三强调这一切都是为了她的身体健康，但也很难抚慰她的不平的心情。

朱自煊事后觉得："她觉得自己身体不好，现在连这点参与权都被剥夺了，感觉非常委屈，所以就流眼泪了。现在想起来，我感到很对不起她。"

林徽因被建筑系抛弃的时间，没有人详细描述，估计是在1954年，因为在这一年，林徽因从清华搬回城内居住，离开了她为之呕心沥血的清华。

吴良镛回忆：

1954年冬，他们双双病倒了，本来每年秋凉季节转换，林先生总要病倒。这年，薛子正秘书长在城内修整了一套四合院，装上暖气，让林先生住（地点我已忘了，林逝世后据说让给傅作义住了）。一个大四合院，空荡荡地，只有林先生躺在一间大屋内，我去看她，她并不和我讲她的病情，而是问了许多问题，关于建筑思想和理论的一些问题。她明显地在困惑与彷徨，她似乎已疲惫不堪，已经失去原先的锐气了。

精神上的绝望，是林徽因之死的主因。搬进城内不久，林徽因就病重不支，住进了同仁医院，再也没能出来。

林徽因的学生和同事，都对林徽因的逝世倍感惋惜。

常沙娜：她易激动，工作先是拼命，完了以后就歇了，不行了，她其实要真正养病，她不至于那么早，五十一岁就走了。

吴良镛：我是1945年第一次见到林先生的，虽然我在1940年甫入大学时，就从《新月诗刊》中知道她的名字了。此后，直到1955年初她逝世，我在她身边工作了十年，这十年是她生命的最后十年，也是颇为辉煌的十年。严格地说，这十年，她躺在床上，把一个系从无到有地办起来，以充满热情与抖擞的精神，参加新中国的一些重要工作，为她的学术思想和见解，奋力工作，直到最后离去。可惜，这些并不十分为人所知。

一生家国梦，全家赤子心

爱国是什么？汉·荀悦《汉纪·惠帝纪》："封建诸侯各世其位，欲使亲民如子、爱国如家。"这与之后儒家的家、国、天下是一脉相承的。爱国是朴素的自然情感，是浓郁的家园情结，简单到人不能吃翔的地步。

讲好中国故事

讲好中国故事，是一句非常"主旋律"的口号。不过，当年的林徽因夫妇，的确用行动讲好了中国故事。

在梁思成夫妇之前，中国的古建研究专家是日本人。日本古建研究专家、中国古建的最早研究学者常盘大定在《支那佛教史迹考察记》中写道：

中国现存的国宝有很多，其意义和价值全都没有认识到。从反面说，没有认识到其意义和价值，怎能保护这些建筑，能发现其并确定其世界宝物之价值，这实在是日本学者的工作。

日本人的确有资格自豪。在中国营造学社成立之前，日本的伊东忠太已经研究中国古建筑近30年。他在1901年7月就考察了北京古建筑，包括老佛爷"西狩"时空出来的故宫，那年梁思成才不满百天，林徽因还没有出生；1902年，他首先"发现"了云冈石窟；1931年，写出了《支那建筑史》，认为日本建筑完全受中国建筑的启蒙。伊东忠太和关野贞是热爱中国的，一个自信的民族，绝对不会为了抬高自己就贬低甚至抹黑别人。

在1930年中国营造学社的开幕式上，伊东忠太的一个建议据说得罪了不少人：

完成如此大事业，其为支那国民之责任义务，固不待言。而吾日本人亦觉有参加之义务，盖有如前述，日本建筑之发展，得于支那建筑者甚多也。据鄙人所见，在支那方面，以调查文献为主。日本方面，以研究遗物为主，不知适当否。

那个时候，说"支那"还不是骂人（到现在我都认为这是衡量我们是否自信的绝对标准），伊东忠太已经研究中国古建近30年，他非常有资格提出这个建议。如果人家提出这个建议都要气愤一番，那么该如何看待梁思成、吴良镛、罗哲文保护日本古建筑？

林徽因夫妇加入中国营造学社这件事，算不上爱国，毕竟朱启钤开出的薪金还算让人满意。而中国营造学社出现本身也很难说是爱国——能说"荣际五朝"的朱启钤爱国吗？

林徽因夫妇真正的爱国，是在身体最差、物质最差，困难到无法从中央政府和庚款基金那里得到救助的时候，还在竭尽所能进行田野考察、学术研究、图书出版。在四川李庄，据说当时连写信都是用各种凑起来的小纸片，只要有烟盒大小的空白，都会撕下来留作他用；梁思成写信给费正清夫妇说：最好的礼物就是一包打印纸。

罗哲文回忆：

《中国营造学社汇刊》是中国营造学社成立十多年来对古建筑调查研究学术工作积累总汇的成果，可以说是在中国文物建筑科学研究奠立基础过程的重要档案资料，在国内外学术界享有很高的声誉。当时克服了许多困难，自编、自抄写，自己在石印药纸上绘图，自己印刷、装订，连徽因师的老母亲都被她动员参加了折页子的"战斗"。当然思成师的决策很重要，而实际的主持和推动是徽因师，她的功劳不可不记。

林徽因身体一直很差，根本不适合野外作业，可是她还是坚持和丈夫一起去了考察了东北、平津、云南、山西、四川等地古建。

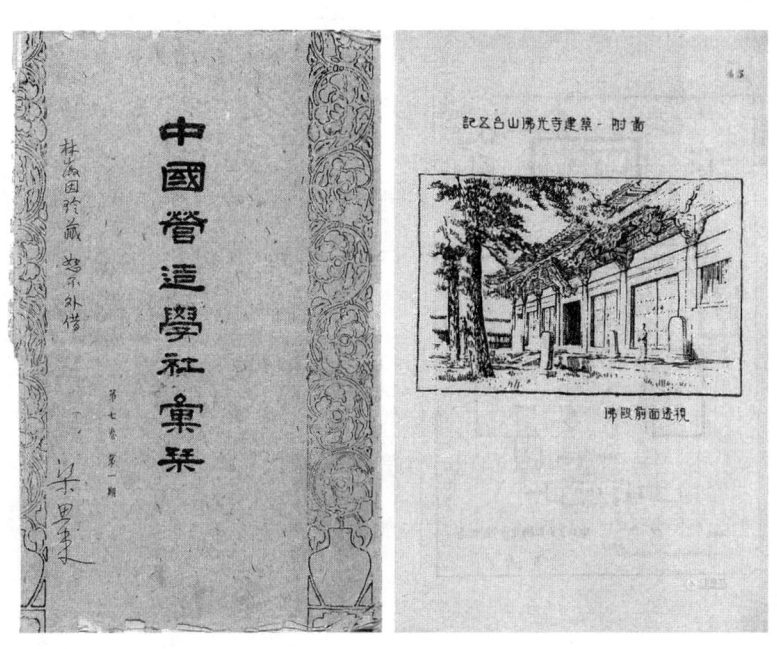

林徽因珍藏的《中国营造学社会刊》

费正清回忆：

战前的北平生活和一道在山西省的一次野外古建筑调查旅行，使我们结成了亲密的友谊。二次大战中，我们又在中国的西部重逢，他们都已成了半残的病人，却仍在不顾一切地、在极端艰苦的条件下致力于学术。

林徽因夫妇及营造学社诸人的坚持，在1947年得到了世界范围的认可，梁思成担任联合国大厦设计建筑师顾问团中国代表、成为普林斯顿大学荣誉博士，都是16年筚路蓝缕、披荆斩棘的结果。

从1931年加入中国营造学社，到1955年去世，林徽因的生命里的一半时间都用在了中国古建研究和保护上。尤其是新中国成立后，为了北京城，她敢和政府官员"叫板"。这种既勇于奋不顾身、又恒于在困窘中坚持的精神，就是爱国。

家国当在身内

史料中关于林徽因爱国的片段，委实不少，比如梁从诫回忆的"剑外忽传收蓟北""门外就是扬子江"，比如无法考究出处的"我们不做中国的'白俄'"，比如《联合亚洲先驱报》的故事，在昆明不听陈璧君演讲，在《平津文化界对时局的宣言》上签名，等等。

这里摘录林徽因的部分信件，不难看出她对抗战的态度。

1937年7月，写给女儿梁再冰：

现在我要告诉你这一次日本人同我们闹什么。你知道他们老要我们的"华北"地方，这一次又是为了点小事就大出兵来打我们！……你知道你妈妈同爹爹都顶平安地在北平，不怕打仗，更不怕日本。

1937年10月，致信沈从文：

我们对于战时的国家仅是个不可救药的累赘而已。同时我们又似乎感到很多我们可用的气力废放在这里，是由于各方面缺乏更好的组织来尽量的采用。我们初到时的兴奋，现实已变成习惯的悲感。更其糟的是这几天看到很多过路的队伍兵丁，由他们吃的穿的到其他一切一切。"惭愧"两字我嫌它们过于单纯，所以我没有字来告诉你，我心里所感慨的味道。

1937年12月，致信沈从文：

说到打仗你别过于悲观，我们或许要吃苦，可是我们不能不争到一种翻身的地步。我们这种人大无用了，也许会死、会消灭，可是总有别的法子。我们中国国家进步了，弄得好一点，争出一种新的局面，不再是低着头的被压迫着，我们根据事实时有时很难乐观，但是往大处看，抓紧信心，我相信我们大家根本还是乐观的。

1938年3月初，致信费慰梅：

我喜欢听老金和（张）奚若笑，这在某种程度上帮助了我忍受这场战争。这说明我们毕竟还是一类人。

1938年，金岳霖致信费慰梅，介绍了林徽因的状况：

唯一的区别是她不再有很多机会滔滔不绝地讲话和笑，因为在国家目前的情况下实在没有多少可以讲述和欢笑的。

1943年11月，致信金岳霖：John（费正清）到底回美国来了，我们愈觉到寂寞、远、闷，更盼战事早点结束。

在描述抗战的散文《彼此》里，林徽因表达了自己对祖国的情感：

我们都相信，我们只要都为它忠贞地活着或死去，我们的大国家自会永远地向前迈进，由一个时代到又一个时代。我们在这生是如此艰难，死是这样容易的时候，彼此仍会微笑点头的缘故也就在这里吧？

与费慰梅夫妇反目

梁林夫妇出身清华，留学美国，是典型的亲美知识分子。与当时很多留学美国的知识分子一样，他们对美国的态度经历了留学—抗战前期—抗战后期—新中国时期等阶段。

抗战爆发后，梁思成夫妇天真地以为，操持庚子赔款的中美文化基金会会把学术和政治单纯分开，继续对中国营造学社的支持，因此他们甫抵昆明，就开始筹划在适合林徽因养病的春城定居下来，为此花光了积蓄盖了房子。但孰料战争一开始，美国便宣布中立，为了证明自己的中立，与中国有关的一切援助都停止，经济往来甚至文化交流都基本陷入停顿。要不是日本人轰炸了美国，估计美国还在继续做着双面掮客的美梦。

这种突然的变故让梁林夫妇措手不及，一下子陷入了穷困潦倒的境地。就在梁家陷入绝境的时候，主持中央研究院历史语言研究所的傅斯年想方设法把中国营造学社纳入编制；但是，史语所已经随中央研究院整体搬迁到了宜宾，梁林夫妇只得忍痛放弃自己的房子，到非常不适合林徽因生活的四川。

费慰梅是林徽因最好的朋友，几乎从他们认识开始，费正清、费慰梅夫妇就对梁思成、林徽因给予了各种各样的支持和帮助，从结伴考察山西古建筑，到西绅总会俱乐部骑马，再到帮助林徽因寻找特效药，帮助梁思成出版著作，这对美国夫妻对林徽因夫妇的帮助是真诚无私的，林徽因对此也一直充满感激。李庄时期，费慰梅夫妇经常寄美金支票和物资给林徽因夫妇，成了林徽因在战时为数不多的有能力帮助她的朋友。俗话说"拿人的手短，吃人的嘴软"，但在国家大义面前，林徽因无法容忍美国的做法，进而把怨气撒到了美国友人身上。

1941年，日本偷袭珍珠港前，美国一直在发战争财，和日本有着密切且规模庞大的军火和石油交易。对美国有着良好印象的林徽因对此非常愤怒，她在写给费慰梅的信中说：

你曾经问我，在李庄这个偏远小镇，我们是否可以远离战争，我可以告诉你，在今天的中国，没有人能够远离战争。我们是得到了许多国际社会的同情和帮助，但是这些帮助要不就是太遥远，要不就是到来得太慢。如果美国能够禁止对日本出售石油，一年，哪怕几个月，日本飞机还能像现在这样，不分昼夜对我们狂轰滥炸吗？

到了抗美援朝开始的1951年，林徽因夫妇和费慰梅夫妇正式反目。据说，当时费正清辗转从美国寄来一封信，告诉梁思成，"你们出兵朝鲜是侵略行为"。梁思成夫妇非常生气，回信说："我们是为了保卫自己，你们组织联合国军队来，你们才是侵略。过去我们是朋友，现在我们是敌人了。"

2015年11月，中纪委监察部的网站刊登了《梁启超：一生家国梦 几代赤子心》，对梁家人给予了极高评价：

梁启超的九个子女中，先后有七个在国外都接受了高等教育，学贯中西，成为各行各业的专家学者，完全有条件进入西方主流社会，享受优厚的物质待遇。但是，他们没有一人留居国外，都是学成后即刻回国，与祖国共忧患。在梁启超儿女的心中，国家，早已留下了深深的烙印。

长子梁思成和妻子林徽因在交通不便、兵荒马乱的年代，十几年间，踏遍中国十五省，二百多个县，考察古建筑，完成了中国第一部《中国建筑史》。字里行间，都透着夫妻二人付出的心血。

慧眼识才，谆谆师恩

除去提携文学新人，林徽因慧眼识才，善于从平凡中发现那些耀眼的人才。关于这方面的材料，我手头不是很多，只列举三个人，古建泰斗罗哲文、中国工程院院士吴良镛、中央工艺美院院长常沙娜。

"营造"泰斗

罗哲文先生被誉为古建泰斗，他的成长几乎是林徽因"一手扶植"的。

首先，罗哲文走近古建的关键一步：到梁思成身边工作，是林徽因决定的。这一步的重要性，我们可以反过来推理，如果罗哲文没能到梁思成身边工作，最后会是什么样？如果继续跟着刘敦桢，可能坚持不到1943年离开营造学社，到中央大学建筑系。因为罗哲文在刘敦桢身边的工作，是"写《西南古建筑调查报告》文稿和练习为报告画一些插图"。这个工作在半年后就结束了，参考中国营造学社当年的窘境，绝对不会平白养着闲人，最大的可能是结账走人。即便能够坚持到追随刘敦桢到中央大学，没有上过大学、没有"留过洋"的罗哲文恐怕也没有更好的出路。

罗哲文古建生涯的第二步，是追随梁氏夫妇到了北京。罗哲文回忆：

1945年8月，日本侵略者终于投降了。被迫流亡内迁到四川的所有机构都在准备迁回原地……四川招考招聘的专业和服务人员，面临随机关复员或就地辞退的情况……徽因师突然叫我到她那里，说是学社已经决定你一同复员去北平。

去北京到清华大学工作，一下子让相当于中学毕业的罗哲文迈进了北京、迈进了清华大学。而此时的罗哲文，已经从梁思成、刘敦桢那里学习了绘图、摄影等"调息之法"，在林徽因那里接受了外语、古典文学等"护体神功"，初步有了"内外兼修"的机会，这些有关古建筑考察的一系列训练，这为他今后从事古建保护打下了坚实基础。如果在巴蜀之地，他的才能可能会成为一个小学教员，但没有学历恐怕也会成为制约他之后发展的瓶颈，他"混得"可能连一个当时国内民办大学的毕业生还要次。我后来把梁氏夫妇提携罗哲文进京之举称为"跃龙门"，为罗哲文开辟了新天地。有人认为这是梁思成的功劳，我也同意；不过想想后来"垂帘主任"的故事，推测还是林徽因的作用更大些。

如果说朱启钤是中国古建保护的倡始人，梁思成、刘敦桢就是身体力行者，罗哲文则是集其大成者，他比所有同龄人或者同时代的人都先进了不少——毕竟没有人在16岁就想着要立志保护中国古建筑，毕竟没有人能够有机会赶上中国古建筑田野考察的第一班车。

到了清华之后，罗哲文由业务人员转成了行政人员，这种落差实在不好受；加上身处人才济济、仿佛小联合国的清华大学，这种难堪估计更甚。罗哲文回忆：

到清华后，我在建筑系的名义正式编制是系办公室也就是系主任的助理（行政事务工作）。有一天我去看徽因师的时候，谈起了古建筑的学习和调查研究的事情，她主动提出说，你在学社五六年学到了不少东西，古建筑可算有了初步知识，但范围还是很窄。建筑是一门综合的科学、艺术和文化，知识必须广泛。你现在来到清华，有很好的条件，清华的名教授很多，你可以去听他们的课。过去宗江、明达他们没有这个条件，你是幸运者。

听了之后，我太高兴了，但是系里办公室的事不少，还要为刘致平先生的建筑构造课程绘教材图。我说有些工作我都可晚上做，但系里是否同意还不知道。她马上答应说，我给吴柳生先生说一下就可以了。

果然，过两天吴柳生先生马上找我谈，说是林徽因先生向他说了我的事情，他非常支持我去听课。吴柳生也是一个十分忠厚的教学育人长者，为了支持我听课，他还找来一位李毓俊先生在系办公室帮助工作。

于是我便放开手去听课，除了系里的课之外，土木系的如吴柳生先生的木结构，其他教授的测量学、工程力学等课程都去听。徽因师还特别要我多学外语，于是我选了英、俄、德、法、日五门外语，其中曹靖华先生讲的俄语我下了较大的功夫，解放以后真用上了。在清华时和程应铨先生合作翻译的《城市计划与道路交通》一书（他翻译的文字，我绘的图），对该书的评介，就是我从《苏联城市建设问题》杂志（1947年出版）俄文本译出的。

又是林徽因力主他到建筑系旁听课程，甚至专门配备人员接手罗哲文的庶务。我一直认为林徽因和罗哲文的关系是半师半母、半徒半子，罗哲文在清华的超然地位印证了这一点。

罗哲文的另一个美誉是"万里长城第一人"。这一美誉也是受了林徽因的间接恩惠——是林徽因建议罗哲文去考察长城的，今天谁也不知道林徽因为什么让罗哲文去考察长城这种不是建筑的建筑，结果就是让罗哲文成了长城保护第一人，进而参与发起成立中国长城学会、倡立长城学，等等。

对于林徽因母亲般的关爱与呵护，罗哲文终生感激。

罗哲文还应该感激的，是梁思成、林徽因没有把他留在清华。梁思成的新会老乡，同样没有学历、从1931年开始追随梁思成的莫宗江被梁思成力排众议，提成了教授，因为讲课比较吃力，清华的很多老师都看不起他；梁思成提高了莫宗江的身份，却没提高他在自己心里的地位，依然像师傅带徒弟时那样不留情面，结果导致梁思成被批判期间，莫宗江宁愿做伪证也要诬陷他。

"建筑"院士

稍微了解清华建筑系的人都知道,吴良镛是梁思成、林徽因的"铁杆心腹",一起创建清华大学建筑系、一起"犯错误"挨批斗,无论是好事还是坏事,吴良镛都甘之如饴、无怨无悔。这种情分缘何而来?

梁林夫妇对吴良镛的赏识与提携,可谓不遗余力。

1945年,梁林夫妇从校刊上发现了23岁的吴良镛,邀请他到重庆参与战时文物工作;1946年,吴良镛在中央卫生院工作(不知道学建筑的他在那里干什么……),梁林邀请他到清华大学建筑系参与筹建工作;1948年,推荐他到美国匡溪艺术学院深造;1949年,吴良镛获得美国匡溪艺术学院硕士学位,在沙里宁事务所任设计师。他完成了通用汽车公司研究中心"设计大楼"方案设计,他主持的夏威夷"太平洋战争殉难者纪念碑设计"在美获奖;1950年,梁思成邀请他回国工作;1952年,30岁的吴良镛被提拔为清华大学建筑系副主任。

吴良镛回忆:

也就在这时期,出现对我来说不敢奢望的事。某次系务会议之后,梁先生告诉我,他离美前看望了沙里宁所主持的匡溪艺院,那里"艺术环境很好,可同时学习建筑与规划,很适合你,并且沙里宁已七八十岁了,跟他学要赶快,否则就来不及了"。后来梁先生为我写好了给沙翁的推荐信,林先生一看,说:"对良镛的介绍应该这样来写",于是动手给改。一封推荐信竟然两位大师拟稿,我理解他们对我寄望之殷，送我出国之情之深。恨当时慌慌张张，竟没有把它抄下来，事后想起来成为莫大的遗憾。

如今，我常常觉得自己的一生能遇到好些老师，特别是我工作后能追随梁林两师，使我学有所长，非常幸运。

在匡溪学院深造以后，在病榻上的林徽因口述、罗哲文执笔，邀请吴良镛回清华大学任教，逐步成长为中国建筑领域的头面人物。

2012年2月14日，吴良镛荣获2011年度国家最高科学技术奖。梁林慧眼识才，吴良镛不负所望，当是一段佳话。

"设计"院长

当年走过呼家楼，看到中国工艺美术学院的牌子，看到那高高的仿苏大门楼，就觉得心里特有底气：我们的传统工艺，还是后继有人的。为了给CBD腾地儿，1999年，中央工艺美院并入清华大学，本来与我无关，还是默默追悼了几个月。当年做记者时采访过泥人张传人张锠，是我与工美仅有的缘分。

因此，知道林徽因参与过景泰蓝改革，知道常沙娜被梁林夫妇发现，进而知道常沙娜曾经担任过工美院长，也就不奇怪了。

2015年，北京召开中国景泰蓝艺术发展研讨会，常沙娜回忆了林徽因把她引上艺术道路的往事：

林徽因看了1951年初在午门的敦煌展览以后她就提出来要把我安排到，我虽然那个时候没有学历，那个时候1951年我恰好是20岁，她通过我父亲提出来要把我带到她身边，就是当年的清华大学营建系，他们在营建系成立了一个工艺美术教研组，同时还从浙江美院图案系毕业的两位女生，其中你们最了解的、最著名的就是钱美华、孙君莲。我们三个人天天就在林徽因的身边，听她的指导。当年正好是北京特种工艺公司委托了对当时景泰蓝要进行改进创新设计的一个新的时期，所以林徽因先生全力以赴，她虽然身体不好，带着我们三个人全力以赴就得到了为了改进景泰蓝的创新设计，就是得到了她的指导和教诲，这个指导教诲我是受益匪浅，终生难忘。

这段文字很乱，可是这是原话，好在思维没有紊乱，还是能看懂的。

作为清华教师的林徽因有很多学生，发现人才是分内之事，罗哲文、吴良镛、常沙娜是她在教师工作之外发现和培养的人才，就是业界良心了。她对三人的帮助，从来不止限于学习和工作，还有在生活上的无微不至的关心。三人能够在各自的领域成长为首屈一指的人才，个人的天赋和勤奋固然重要，不过离开林徽因的慧眼识珠和不遗余力的扶持，恐怕很难达到他们的人生顶峰。

作为伯乐的林徽因，哪怕是没有"清华教授"的这件外衣，单单是这三个学生，就足以让她青史留名。

出生豪门贵族,还需素手调羹

太太客厅是林徽因在家庭中最光鲜的时候,那时的她仿佛是个不食人间烟火的仙子。然而,作为女人,毕竟要承担作为家庭主妇的角色。作为家庭主妇的林徽因,会是什么样子?

对于自己的母亲,梁从诫自然不吝赞美之词,反复强调自己的母亲是个优秀的家庭主妇。他在回忆母亲的一篇长文中写道:

母亲不爱做家务事,曾在一封信中抱怨说,这些琐事使她觉得浪费了宝贵的生命,而耽误了本应做的一点对于他人、对于读者更有价值的事情。但实际上,她仍是一位热心的主妇,一个温柔的妈妈。

在某次接受记者采访时,梁从诫又从侧面回应了母亲做家务时的样子:

母亲很朴素，抗战时代的生活也过得很苦，我看得最多的就是她披散着头发，在厨房里挽起袖子洗衣服的样子，哪是照片中那么穿着光鲜，细心打扮？

同样和林徽因有过密切接触的林洙通过梁思成的口吻，指出林徽因不擅长家务：

他摇了摇头苦笑了一下，又说："我爱吃清淡的饭菜，但是老太太爱吃鱼肉，真没办法。记得你做的豆豉炒辣椒吗？真好吃。"我想起那是林先生在世时，我常常在梁家吃饭。她总抱怨刘妈不会做菜。有一天我心血来潮，做了一个豆豉炒辣椒带去，没想到这个菜大受梁先生和金岳霖先生的赞扬。

林洙的这段话，被誉为"超级黑"——她一方面说梁思成喜欢清淡的，一方面又对她做的豆豉炒辣椒赞不绝口，似乎要告诉读者，只要是林洙做的，梁思成都会爱吃。

梁从诫美白了林徽因，林洙抹黑了林徽因，真正的林徽因，是一个非常讨厌做家务的女子。

《红灯记》里唱道："里里外外一把手，穷人的孩子早当家"，林徽因虽然不是穷人的孩子，不过作为长女兼庶出，林徽因开始主持家务的时间应该很早。到了16岁时，林长民效仿西方社交习惯，开始把自己的女儿带入社交圈，具体做法就是带她游历各国。客居在外，林徽因真正是里里外外一把手，既要负责父亲的日常起居，又要陪他接待客人和拜访主人。这种全方位的锻炼高质量、加速度地让林徽因学会了各种社交技能，迅速成长为一个举止得体、落落大方的有国际范儿的少女。林长民日记记述："徽女、节之自烹饪豉油煮笋、红烧鸡，皆颇精美。徽女厨□两试，皆有好成绩。"

谁也想不到，林长民在日记里都不忘吹牛皮。梁再冰回忆：

在长沙，梁林夫妇首次自己做饭，林徽因打算烧一壶水，烧了半天也不知道开没开，然后问梁思成，"我父亲过来就哈哈大笑，说你连水开了没都不知道。我母亲问你怎么知道？他说我当过童子军，野营时烧过开水。"

1925年9月20日，上海《图画时报》第268号出刊，头版人物是林徽因，文章对林徽因大加赞赏，居然说她喜欢做家务：

林徽音女士为林长民先生之女公子，明慧妙丽，誉满京国。精通中英文，富美术思想。平居无事，辄喜讲求家庭布置之方。

据此推论，林长民对林徽因的突击培训和强化训练，似乎没有什么效果；但是围绕打造"淑女林徽因"进行的"宣传包装"，倒是剑出偏锋，收到了奇效。这说明，林长民之前对林徽因的培养是片面的，也局限在极小的范围内，那就是远离战争，成为和平时期的"太太"和贵妇。这种培养适合那些只生活在光鲜亮丽环境中的女子，她们不但要生在豪门贵族，还要嫁入豪门贵族，不用素手调羹，只须拿着丫鬟使女厨娘调好的羹，塞到丈夫或儿子嘴里即可。

林徽因嫁得实在是极好。如果按照门户比较，林徽因嫁给梁思成的确是高攀，大概也是梁思成虽然小有残疾，但林家上下仍然对这门婚事满怀欣喜、极其期待的原因。在二人留学之前，林长民就急于让二人订婚、结婚，奈何梁启超不同意，此事才推迟。林家的态度是殷切的。

林家对这门婚事非常重视的第二个原因，就是让林徽因在订婚之前就去照顾车祸负伤的梁思成。虽然两家都是新思想的倡导者和受益者，但在订婚之前就侍奉床前，显然有些操之过急，这也是梁家大妇李蕙仙对林徽因不满的原因之一。

林徽因的贵妇之路在父亲林长民、公公梁启超骤然离世，以及抗战突然爆发之时戛然而止。

梁启超的离世，对于梁家所有人而言都无异于没顶之灾。尽管梁思成表示放弃遗产继承，众多的子女成长、留学还是很快拖垮了这个家庭。

娘家的情况恐怕更是不堪，林氏三兄弟先后离开人世，让林家的辉煌成为昙花一现，在某种程度上，林家已经基本离散，林徽因生母一直和她生活在一起就是比较直接的反映。从林家的一些亲戚陆续投奔林徽因的事实分析，远在福州的林家一脉似乎已经忘记了林徽因这一支。老话说"嫁出去的女，泼出去的水"，也无可厚非。

抗战前：阔太的烦恼

和所有中国人一样，对林徽因生活影响最大的还是抗战爆发。

抗战之前，梁思成和林徽因先是在东北大学教书，而后到中国营造学社，收入都比较不错，林徽因过了一段人生最惬意的日子。那时，即便有抱怨，也是幸福的：

当时（1932年），徽因正在经历着她可能是生平第一次操持家务的苦难。并不是她没有仆人，而是她的家人包括小女儿、新生的儿子，以及可能是最麻烦的，一个感情上完全依附于她的、头脑同她的双脚一样被裹得紧紧的妈妈。中国的传统要求她照顾她的妈妈、丈夫和孩子们，监管六七个仆人，还得看清楚外边来承办伙食的人和器物，总之，她是被要求担任法律上家庭经理的角色。这些责任要消耗掉她在家里的大部分时间和精力。户外的差事都交给仆人去做。家里的女主人通常只是在走亲戚、参加葬礼或特殊的庆典时才外出。

林徽因当然是过渡一代的一员，对约定俗成的限制是反抗的。……她讨厌在画建筑草图或者写一首诗的当中被打扰，但是她不仅不抗争，反而把注意力转向解决紧迫的人间问题。

太太客厅名满北京的这段时间，是林徽因所希望的已婚妇人的生活，有健康可爱的女儿、宽厚多金的丈夫，相对富足而悠闲的生活，相对年轻健康的身体，这些都是西方上层社会妇人应该拥有的一切；如果加上一大批围绕在自己周围的当代精英，那就是顶级贵妇的生活了。

就像以前说过的，林徽因在北总布胡同时期的生活是她一生最为惬意的。梁从诫回忆：

三十年代我家坐落在北平东城北总布胡同，是一座有方砖铺地的四合院，里面有个美丽的垂花门，一株海棠，两株马缨花。中式平房中，几件从旧货店里买来的老式家具，一两尊在野外考察中拾到的残破石雕，还有无数的书，体现了父母的艺术趣味和学术追求。

因此，费慰梅的这段话，其实暴露了费慰梅自己作为小农场主的女儿对上流社会的孤陋寡闻，所谓"痛并快乐着"，大致是此段时间林徽因生活的写实。梁从诫回忆：

那时我家有两位保姆，分别照顾我们姐弟、外婆和父母，还有专管父亲书房的"听差"，两个厨师和专送我和姐姐上幼稚园和小学的"洋车夫"小王。父亲则自己开一辆1928型的雪佛兰汽车上班。

抗战中：平民主妇

从流亡昆明开始，林徽因开始了她一生中最为艰难的时刻。七七事变，日军突然占领北京，这完全出乎北京上流社会的意外。东北的长期沦陷，使很多人产生了错觉：认为日本不会再图谋华北乃至整个中国，直至日军兵临城下时，很多人还毫无流亡的计划。

相形之下，梁思成夫妇的处境更为艰难。日军占领北京时，他们两个还在山西考古，能够赶回北京收拾行李已经是万幸了。他们夫妇都不是善于持家的人，或者说从落地开始的生活从来没有让他们感觉到家庭财政危机的可能。即便是丧父破家的林徽因，也因为得到了梁启超的资助，从来没有感到经济方面的压力。

以前介绍过，太太客厅的维护需要大量的资金，而家庭的主要收入又是梁思成的工资，林徽因的临时收入维持自己的生活尚且不易，更遑论帮助家庭了。而梁思成从来不是善于节约的人，又没有祖业可供挥霍，这种境况下维持着"老爷太太"的生活，有积蓄无异于痴人说梦。

因此，扑面而来的战争一下子把梁家推到了异常艰难的境地。梁思成忙着整理营造学社的资料，收拾家当细软的任务自然落到了林徽因身上。

长途跋涉，扶老携幼，不允许他们携带更多的行李，再加上林徽因途经长沙时病情突然加重，又耗费了药费和食宿费用，以至于梁家在1938年1月到达昆明时，身上只有300元。

1940年春，梁家决定在距离昆明8华里的龙头村盖一所自己的房子。林徽因写给费慰梅的信中谈道：

它费了我们认为能付得起的两倍的钱。

现在我们已经完全破产，感到比任何时候都惨。米价已涨到一百块钱一袋——我们来的时候是三块四——其他所有的东西涨幅差不多一样。今年我们做的事没有一件是轻松的。我在告诉你们我们在做什么和我们的境况如何时真不好意思。思成到四川去已经五个月了。我一直病得很厉害，到现在还没有好。

梁思成、林徽因在昆明的故居

我一起床就开始洒扫庭院和做苦工,然后是采购和做饭,然后是收拾和洗涮,然后就跟见了鬼一样,在困难的三餐中间根本没有时间感知任何事物,最后我浑身痛着呻吟着上床,我奇怪自己干嘛还活着。这就是一切。

我赶巧生病了,或者说由于多日在厨房里奋斗使我头疼欲裂,只得卧床休息。

房子盖完后,梁家欠了一屁股债,直到9月份费正清夫妇寄来了支票,才勉强偿还了债务。

就在这段时间,林徽因被迫开始普通家庭主妇的生活。费慰梅回忆:

徽因仍然像过去一样,在她身体的病痛和无休止的家务事之间挣扎,而且还有必要的第三点,就是她对写作和研究的浓厚兴趣。这三件事同时争着要她注意。关于她的健康,她写信给我说,"使我烦心的事比以前有些恶化,尤其是膀胱部位的剧痛,可能已经很严重。"随着冬天的到来,"那些伺候了我们九到十年的破袍子烂衣服必须拿出来修补了。思成要到重庆去,他的东西必须先补。去年冬天他在重庆把它们磨损得这么厉害,它们就像大战后的军舰,必须拉到船坞去大修,有些被鱼雷或炸弹毁坏得这么厉害,要修理还真的要很大的技巧。"

生活是艰难的,冷热自来水都没有。买的第一件东西就是一口陶制的大水缸,它有三到四英尺高,用来储存挑进屋里来的水。对一个家庭来说,一口水缸是如此重要,以至于一座烧缸的窑开张时女人们彼此拥挤甚至打架,唯恐买不到。烧饭是俯身在一个三条腿的火盆上做的,它的顶部离开厨房的泥地不过18英寸。它只能支一口锅。燃料是煤灰和泥做成的煤球。它们必须被煽旺到能做饭的程度。如果要洗澡、洗衣或洗碗,就得从水缸里舀出水来,在这个或另一个"炉灶"上烧热,任何家庭要是有一个大热水瓶来储存热水,就把它当成家中最宝贵的财产。除此之外还要冒着尘土或泥泞跋涉到村里去购买买得起的食品并带回家。这事必需天天做,因为冷藏根本不存在,连想都没想过。当然没有电话或运输手段。照明用菜油灯,但那也很贵,所以最好还是跟村民一样,天黑下来就睡觉。要更换穿破的或孩子们显得太小的衣服是个大问题。布差不多没有。一句话,战争、通货膨胀和原始的生活方式已把梁家变成了穷人家。

问到她一天的生活,徽因说,"我一起床就开始洒扫庭院和做苦工,然后是采购和做饭,然后是收拾和洗涮,然后就跟见了鬼一样,在困难的三餐中间根本没有时间感知任何事物,最后我浑身痛着呻吟着上床,我奇怪自己干嘛还活着。这就是一切。"

"我们现在住在离昆明城里8英里的中等规模的村子尽头新建的一所三居室的住宅里。它周围风景还不错,没有军事目标。我们的住宅包括三间宽敞的屋子和小巷尽头的一间厨房,我的大部分时间都在那里,还有一间佣人的房间直到现在还空着。春天里老金在我们的住宅尽头处加了一间'耳房'。这样整个北总布胡同集团现在就齐了,但天知道能维持多久。"

梁再冰回忆：

妈妈和爹爹为此拿出了全部积蓄，连外婆的一些首饰也搭上了，妈妈对房子进行了简单的装修，铺了粗木地板，在靠窗的墙上做了一个简单的小书架，下面的木凳上铺上一些饰布，妈妈常在家里陶质土罐中插大把的野花。当时我就感觉那个房子非常温馨，舒服极了，那个时候我是不太注意这些事，什么建筑、装修，但是觉得我妈真神，怎么一下子就把这么一个破房子搞得这么舒服，这么可爱。

梁从诫生前认为：

三年的昆明生活，是母亲短短一生中作为健康人的最后一个时期。在这里，她开始尝到了战时大后方知识份子生活的艰辛。父亲年轻时车祸受伤的后遗症时时发作，脊椎痛得常不能坐立。母亲也不得不卷起袖子买菜、做饭、洗衣。

金岳霖在《我和钱端升经常来往》中写道：

有一次在九个欧亚航空公司的人跑警报到龙头村时，林徽因炒了一盘荸荠和鸡丁，或者是菱角和鸡丁。只有鸡是自己家里的，新成分一定是跑警报的人带来的。这盘菜非常好吃，尽管它是临时凑合起来的。

更倒霉的事还在后头。梁家在1940年春倾家荡产盖了三间房，住了不满一年，到了1940年底就不得不忍痛放弃，举家迁移到四川李庄。到达李庄后，林徽因开始了长达6年的卧床养病时期，家务重担完全落到了梁思成身上。金岳霖在1941年11月底写给费慰梅的信中，对梁思成的李庄生活进行了简单描述：

徽因看上去和一年前一样，依然充满活力，依然侃侃而谈，还是那样执着于寻找艺术灵感，继续为人性忧虑的同时挥洒着她的博爱。她无时不在的思想活动让她无法安于病榻，不时地就会像是又在发表演说，一会是佛像，一会是希腊风格，一会儿又回到她的家庭成员身上……思成还是老样子，干着修修补补的杂事，他的建筑史学家的职责已无从履行。烤面包、修炉灶、运煤块，做着各种家务，我看如果瞬间把思成扔到美国，即便是无依无靠，他光凭自食其力也能过得非常不错。

对于丈夫的辛苦，林徽因多少有些愧疚：

思成是个慢性子，喜欢一次就做一件事情，对做家务是最不在行了。而家务事却多得很，都来找寻他，就像任何时候都有不同车次的火车到达纽约中央火车站一样。

林徽因竭尽所能地分担着家庭的琐务，她在写给费慰梅的信中写道：

我在继续扮演经济绝招的"杂耍演员",使得全家和一些亲戚和同事多多少少受到一点好的照顾。我必须为思成和两个孩子不断地缝补那些几乎补不了的小衣和袜子……当我们简直就是干不过来的时候,连小弟在星期天下午也得参加缝补。这比写整整一章关于宋、辽、清的建筑发展或者试图描绘宋朝首都还要费劲得多。

抗战后:回归平淡生活

抗战结束后,梁思成和林徽因回到北京,在清华大学建筑系任教。随着孩子成长花费渐重,在病榻上林徽因很自然地做起了家务;新中国成立后,"太太客厅"烟消云散,自然也不能做"剥削阶级",雇用人伺候自己了。恰恰是这一时期的林徽因,经过近十年的磨炼,终于有了一些人间味道,在她操持下的梁家,不再是昔日门庭若市的贵妇社会,而是更多地有了烟火气。

林洙回忆:

这是一个长方形的房间,北半部作为餐厅,南半部为起居室。靠窗放着一个大沙发,在屋中间放着一组小沙发。靠西墙有一个矮书柜,上面摆着几件大小不同的金石佛像,还有一个白色的小陶猪及马头。家具都是旧的,但窗帘和沙发面料却很特别,是用织地毯的本色坯布做的,看起来很厚,质感很强。在窗帘的一角缀有咖啡色的图案,沙发的扶手及靠背上都铺着绣有黑线挑花的白土布,但也是旧的,我一眼就看出这些刺绣出自云南苗族姑娘的手。在昆明、上海我曾到过某些达官贵人的宅第，见过豪华精美的陈设。但是像这个客厅这样朴素而高雅的布置，我却从来没有见过。

陈从周在《怀念林徽因》里也描述了一个与昔日有着天壤之别的林徽因：

1953年夏，林梁二先生在清华园家中小宴，招待我与刘敦桢先生，那时她身体一直不太健康，可是还自己下厨房，亲炙菜肴招待客人，谈笑仍那么风生，不因病而有少逊态。

长媳长女

梁思成虽然不是家里最大孩子,但除去夭折的儿子,他是仅次于梁思顺的孩子,在男孩子里序为长子。梁启超去世后,梁思成宣布放弃继承遗产,用于抚养未成年的弟妹,依然承担了作为长子的部分义务。作为长媳的林徽因,尽管不喜欢琐碎的亲戚往来,但依然努力扮演了较好的角色。

梁从诫回忆:

三十年代的中国政局,特别是日本侵略的威胁,给父母的精神和生活投下了浓重的阴影。一九三一年,曾在美国学习炮兵的四叔在"一·二八"事件中于淞沪前线因病亡故;"一二·九"学生运动时,我们家成了两位姑姑和她们的同学们进城游行时的接待站和避难所;"一二·一六"那一天,姑姑的朋友被宋哲元的"大刀队"破伤，半夜里血流满面地逃到我们家里急救包扎；不久，一位姑姑上了黑名单，躲到我们家，父母连夜将她打扮成"少奶奶"模样，送上开往汉口的火车，约定平安到达即发来贺电，发生意外则来唁电。他们焦急地等了三天，终于接到一个"恭贺弄璋之喜"的电报，不禁失笑，因为当时我已经三岁了。

梁从诫据此认为：

当年，我的姑姑、叔叔、舅舅和姨大多数还是青年学生，他们都爱这位长嫂、长姐，每逢假日，这四合院里就充满了年轻人的高谈阔论，笑语喧声，真是热闹非常。

林徽因的外甥女吴荔明回忆，林徽因和梁家几乎所有女性相处不好，只有吴荔明的母亲梁思庄与她相处和谐：

1952年—1953年，二舅妈（指林徽因）来我们家的次数最多，那时她肾脏动手术后身体渐渐恢复了一些，虽然很瘦弱，但医生说天气好时出来活动晒晒太阳有好处。另外二舅工作忙，常进城开会。她的一双儿女又都不在身边，再冰表姐南下，从诫表哥上大学住校。因此她常出来解解闷，她喜欢我们家有田园风味，也爱和我妈妈聊天。她长期包用一辆三轮车，车主叫老曹。每星期四下午或是周末老曹就蹬着三轮送她到我家来。她知道我最爱吃冰棍，天热时常常用一个小广口暖瓶装着满满的几根水果冰棍或是小豆冰棍，放在车子座位脚下，到门口时她总是使劲地叫："Boo—Boo！

冰棍来啦！"我飞奔出去："二——舅——妈！欢迎冰棍！"总是先把广口瓶提好，然后扶着二舅妈林徽因进屋，妈妈总是轻轻问一句："Are you all right？"（你身体好吗？）二舅妈总是点点头。她们两人说话经常夹用很多英文，而这句话是我听妈妈对她说得最多的，以前听惯了觉得这是她们见面的套话，现在回想起来才明白这句话饱含了妈妈对徽因二舅妈的一片爱心，和对她的健康的极大的忧虑。

1936年，梁思庄丧偶，携女儿从广州北上投奔梁思成，林徽因和梁思成在外地考察，专门写信回去叮嘱：

你现在是否已在北屋暂住下，Boo（梁思庄女儿吴荔明乳名）住哪里？你请过客没有？如果要什么请你千万别客气，随便叫陈妈预备。思马一（梁思成五妹梁思懿的绰号）外套取回来没有？天这样热，I can't quite imagine（我简直不能想象）人穿它！她的衣料拿去做了没有？都是挂念。

林徽因尽心安顿了梁思庄，却又在暗自抱怨。1936年，她写信给费正清的夫人费慰梅，抱怨梁家的大姑子、小姑子有多讨厌。

对我来说，三月是一个多事的月份……主要是由于小姑大姑们。我真羡慕慰梅嫁给一个独子（何况又是正清）……我的一个小姑（燕京学生示威领袖）面临被捕，我只好用各种巧妙办法把她藏起来和送她去南方。另一个姑姑带着孩子和一个广东老妈子来了，要长期住下去。必须从我们已经很挤的住宅里分给她们房子。还得从我已经无可再挤的时间里找出大量时间来！到处都是喧闹声和乱七八糟。第三位是我最年长的大姑，她半夜里来要把她在燕京读书的女儿带走，她全然出于嫉妒心，尽说些不三不四的话，而那女儿则一直在哭。她抱怨说女儿在学生政治形势紧张的时候也不跟她说就从学校跑到城里来，"她这么喜欢跑出来找她叔叔和阿姨，那她干嘛不让他们给她出学费"等等。当她走的时候，又扔出最后的炸弹来：她不喜欢她的女儿从她叔叔和阿姨的朋友那里染上那种激进的恋爱婚姻观，这个朋友激进到连婚姻都不相信——指的是老金！

唉，有个大嘴闺蜜，真是毫无隐私而言——本来一件很好的事情，由于费慰梅的"出卖"，林徽因马上角色翻转，成了面目狰狞的恶嫂子。

"大姑"梁思顺与林徽因的关系一直不好。她是梁思成和林徽因婚姻的最坚定反对者，一直不认为林徽因是个好妻子、好儿媳。在父亲梁启超、丈夫周希哲去世后，梁思顺独自带着孩子寡居，很少到梁思成家探访。对于经济条件较好却不愿为外甥女"出学费"的弟弟，梁思顺有意见是难免的。

事实上，在1928年—1936年之间，梁思成的经济条件还算过得去，否则也不足以支撑"太太客厅"以及林徽因众多的奢靡喜好。但是，梁家的其他人并没有得到梁思成的切实帮助，梁思礼后来回忆说："我们的生活基本是靠他（指梁启超）的稿费，他去世以后，家境就下降了，顶多属于中等水平。"17岁的梁思达也没能按照原计划赴日本留学，而是读了南开大学商学院经济系，二人的学费都是王桂荃典当家当所得。

梁思成夫妇和梁思永的关系，算是梁思成夫妇与梁家兄弟姐妹中最好的。梁思永在梁家行三，是梁启超的第二个儿子，是梁启超的姨太太王桂荃所生，和梁思成不是一奶同胞。不过因为年纪相近（梁思成出生于1901年，梁思永出生于1904年，和林徽因同龄），思成、思永从小关系就很好，比如梁思成那次骑摩托车出车祸，梁思永就坐在后排。梁思成、林徽因、梁思永同在美国留学，还是哈佛大学的同学，他见证了哥哥和嫂子的恋爱经过，算是梁思成夫妇都比较熟悉的亲戚。在梁思成、林徽因的婚事上，他是坚定的支持者，他曾写信给父亲梁启超，让父亲劝说大姐梁思顺改变对林徽因的态度。抗战时期梁思成夫妇、梁思永同在李庄，梁思永又勉强算是中央研究院的同事。

梁思永和梁思成还有一层关系，李福曼是梁启超夫人李蕙仙的侄女，李蕙仙则是梁思成的生母，因此梁思成和梁思永既是同父异母的兄弟，梁思永还是梁思成的姑表妹夫。

这么近的关系，从来未被梁思永及家人提及。梁思永的女儿梁柏有暮年重返李庄时，感谢了房东罗南陔、感谢了傅斯年，根本没有提到自己的大伯梁思成。要知道，梁柏有从7岁到12岁一直在李庄生活，1945年全家搬到重庆，梁柏有和梁从诫同在重庆南开中学读书，她对大伯家人不可能没有印象。不特意提及，其实就是特意回避了。

与此同时，林徽因的生母以及弟弟林宣，却长期在梁思成家生活。此种情形，作为梁家长女、一直能当家做主的梁思顺，自然极为不满。当然，金岳霖以某种特殊形式的存在，恐怕也让梁思顺对弟弟有了"哀其不幸怒其不争"的无奈，自然更不愿意去梁思成家了。

梁启超的孙女梁忆冰回忆：

应该从小时候记忆中的两件事来回忆我们的二伯父与二伯母。在设计人民英雄纪念碑的时候，二伯母生病了，我们去探病，一进门就看见满墙的人民纪念碑设计图，二伯母怕我们无聊就跟我们介绍人民纪念碑的设计。二伯父和二伯母都特别开朗，特别记得二伯父给我讲故事，讲的是"老鼠娶亲"的故事，一边讲一边用纸把故事画出来，我们小孩可高兴了。他们从不认为小孩不懂事，而是把孩子当朋友对待，让我们很开心，印象很深刻。

梁忆冰回忆"文革"前给奶奶王桂荃过生日，或者其他重大聚会，说："二叔梁思成要是在，基本上就是他说话，他爱讲笑话，特别有意思。"说明新中国成立后一段时间，梁思成在学术上受到非难，但人的状态还不错，经常参加家庭聚会，至于他的妻子林徽因，大概因为身体的缘故，基本上很少参与这样的家庭聚会了。

补充一点，吴荔明有很多关于外婆的回忆，而梁从诫却从来没有提及自己的祖母。梁家第三代，梁思达的儿子梁仁堪、女儿梁忆冰，梁思永的女儿梁柏有，梁思庄的女儿吴荔明，梁思礼的大女儿梁红、小女儿梁旋年龄相差较多，所以很少有人能记住生病的二伯母或二舅妈。

虽然林徽因尽力为梁家的其他亲戚做了很多事，但她这个人刀子嘴豆腐心，让亲戚们很难接受。只有像梁思庄这样非常了解她、同时又能接受她性格的亲戚，才能和她好好玩耍。

我的猫也是"爱的焦点"

林徽因喜欢养宠物，是从杨绛发表文章后才众所周知的。按照常理，林徽因患有严重的呼吸系统疾病，是最忌讳养带毛的宠物的。从"身份"来看，猫奴们都知道，猫是宠物界的皇上，多数时候是人围着猫转，求着猫陪自己玩耍；而猫多数时候负责高冷、睥睨众生的，还有就是伺候不到位时扇耳光。几乎与猫一样，林徽因也喜欢别人围着她转，如果世界不是以她为中心，那么这个世界就毫无意义，可谓生无可恋。

综合各种资料，林徽因各种角色中，始终没有引起注意的角色，就是铲屎官。说最应该注意，是曾经写文章嘲讽林徽因的邻居钱钟书喜欢为自己的猫和林徽因家的猫打架，之后钱钟书的老婆杨绛写了文章，我们才知道，原来林徽因这么喜欢猫。奇怪的是，尽管很喜欢宠物，林徽因自己却很少提及，她的朋友在回忆起往事时,也从来没有提到过这件事。

幼年的林徽因,由于家庭地位较低,猫狗是她重要的玩伴。

林徽因通过人物散记《二吉公》,描述了自己的童年生活,其中猫和狗用来烘托百无聊赖的气氛:

夏天里,约略在下午两点的时候。那大小几十口复杂的家庭里,各人都能将他一份事打开来,腾出一点时光睡午觉。小孩们有的也被他们母亲或看妈抓去横睡在又热又闷气的床头一角里去。在这个时候,火似的太阳总显得十分寂寞,无意义地罩着一个两个空院;一处两处洗晒的衣裳;刚开过饭的厨房;或无人用的水缸。在清静中,喜鹊大胆地飞到地面上,像人似的来回走路,寻觅零食,花猫、黄狗全都蜷成一团,在门槛旁把头睡扁了似的不管事。

嫁给梁思成后,林徽因搬到了北总布胡同,依然保持着铲屎官的身份。梁再冰在《我的妈妈林徽因》写道:

在这所房子里,妈妈还给我抱来一只小猫,在一间小屋里,妈妈把这只小猫抱给我,让我给它起名字。我不知从何而来的灵感,随口说:"叫它'明儿好'吧!"从此这只猫就叫"明儿好"了。但后来它身上生了跳蚤,妈妈用樟脑丸涂在猫身上,想消灭这些跳蚤,结果猫舔食后死了。妈妈十分后悔,多年以后还在自责。

爹爹和妈妈还曾送给我一只小白狗,想帮助我克服那十分怕狗的心理。这只狗非常小,像个玩具,为了强调它是我的狗,他们给它取名"冰狗"。

在抗战前夕，作为贵妇的林徽因养宠物在情理之中。她的作品中也经常有猫狗出现，比如林徽因最著名的小说《九十九度中》里，以及《绣绣》中，都提到了狗。

抗战开始后，林徽因一家开始逃亡生活，林徽因被迫放弃了很多身份，比如贵妇、马术爱好者、聚会召集人等等，依然顽强地保留了铲屎官这一伟大职业。

梁再冰回忆：

到了昆明后我又有了一只小狸花猫……后来到了乡下，这只小猫咪因为长寄生虫而死去了，我和弟弟都非常伤心。妈妈就教我们用松柏叶做了一个小花圈挂在树上，在一块布条上写着"纪念我们的小爱猫咪咪——爱你的一家人"，并且为猫举行了一个小小葬礼。

昆明时期，梁家的境况已经急转而下，林徽因病情加重，捉襟见肘的收入成为困扰这个家庭的主要难题。当时梁家的实际状况是，林徽因和梁思成疾病缠身，梁再冰、梁从诫年幼无知，何雪媛老太太一双小脚，营造学社的薪资完全停止，全家的主要收入，是梁思成到处化缘所得。在这种困境中，林徽依然不忘给孩子找个动物伙伴，这肯定不单单是因为孩子喜欢的原因。

到达李庄后，梁家又养了一条狗。这条狗没有专门出现在任何一篇文章中，是在几十年后，梁从诫和李庄时期的同学通信中提及的。梁从诫在信中回忆，由于林徽因身体很差，梁思成就四处打听哪里要杀牛，梁思成好一早去买牛肉为林徽因补充营养。牛是农民最重要的家庭成员，多数时候是家里的宝贝，准备要杀的牛，都是年事已高、不能耕作的老牛。老牛肉质粗糙，难以下咽，只能喝汤，梁从诫就把炖汤剩下的牛肉喂养自己的小狗荠子。

回到北京后，林徽因的铲屎官角色似乎得到了强化。

杨绛在《记钱钟书与围城》里写道：

解放后，我们在清华养过一只很聪明的猫。……猫儿长大了，半夜和别的猫儿打架。钟书特备长竹竿一枝，倚在门口，不管多冷的天，听见猫儿叫闹，就急忙从热被窝里出来，拿了竹竿，赶出去帮自己的猫儿打架。和我们家那猫儿争风打架的情敌之一是近邻林徽因女士的宝贝猫，她称为她一家人的"爱的焦点"。

正如杨绛所言，此时的林徽因对猫更加依赖。因为儿女不在身边，丈夫又忙于工作，经常卧床休息的林徽因需要伙伴陪伴打发时光，"上得厅堂下得厨房"、愿意赖在床上撒娇、又能自己清理粪便和毛发的猫，自然是最合适的。

林徽因的两个知己金岳霖和徐志摩，也喜欢养宠物。老金喜欢养鸡，是很多人知道的轶闻。老金的鸡，是脱离了低级趣味的鸡，是有高级品位的鸡——早在80多年前，老金的鸡就享受今天中产阶级才有的待遇，在20世纪30年代，几乎所有中国人都不知道鱼肝油的存在（今天知道的恐怕也不多），而老金家的鸡就开始吃这种高级货；而且老金家的鸡，还享受和人一样的待遇，可以跳到桌子上陪主人共享美餐。到了昆明和李庄时期，金岳霖的鸡地位下降，吃不起鱼肝油了，而且必须下蛋——因为林徽因要吃鸡蛋。抗战胜利后，金岳霖回到北京，好像中断了养鸡大业。

与林徽因一样，徐志摩也非常喜欢猫，还专门写过一首诗《我的猫，一个诗人》。徐志摩死后，胡适写过一篇悼念文章，和自己家名为狮子的猫一起怀念朋友："狮子，你好好睡吧，你也失去了一个好朋友。"

谈笑鸿儒、往来白丁

热情好客，是林徽因终身保持的习惯。所谓谈笑鸿儒、往来白丁，每个人身处的环境决定了社交范围，没必要要求人人都伪善，也没必要要求人人都像嵇康那样无羁，更没必要像陈子昂那样高冷。

在学业完成游历各国的途中，林徽因夫妇结识了来中国游玩的美国夫妇。后来这对夫妇在1980年回忆了他们与梁思成夫妇愉快相处的经历。

人的一生中有时候有些具有神奇性质（某种不会重复产生的东西）的片段或插曲。我们同梁氏夫妇短暂而热烈的友谊就具有这种性质——一扇敞开的通向共同憧憬的大门。

在这些粗鲁的、发臭的旅客群中，这一对迷人的年轻夫妇显得特别醒目,就像粪堆上飞着一对花蝴蝶一样。除了那自然的沉默寡言以外,在我们看来他们好像反映着一种不可抗拒的光辉和热情。在这种相互愉悦的心情驱动下,我们几乎立即投入了热烈的谈话。

在北京梁氏夫妇成了我们忠实的导游。从景山到天坛,从玉泉塔到元代土城,到香山,参观了各种饭店、戏院、街市、商店、送葬行列,甚至到了老梁先生的有围墙的私家花园,到了有许多叔叔阿姨参加的在一系列有着各种笼养小鸟、夏日花卉、水池、树木的天井里举行的豪华宴会,到了紫禁城里无穷无尽的房间和庭院。一切都是免费提供的,一切都点缀着热切和殷勤的气氛。

那些在北海、孔庙以及其他圣地残存的辉煌中进行的委婉的谈话,加强了友情的体验并使之更加难忘。

菲莉斯是感情充沛、坚强有力、惹人注目和爱开玩笑的。……思成则是斯文、富于幽默感和愉快的,对于古代公共建筑、桥梁、城墙、商店和民居的任其损坏或被破坏深恶痛绝。他们两人合在一起形成完美的组合。

林徽因的热情乐观,早在留学期间就给同学留下了深刻的印象,大家认为她"天生就善于和周围的人搞好关系",这与我们习惯认识中的高冷范儿大相径庭。

"太太客厅"是林徽因热情好客的最好证明。虽然在很大程度上是梁思成、金岳霖一道,为了排解林徽因的无聊,把美国同学会、清华校友会、清华同事会的聚会挪到了梁思成和金岳霖家,但如果不是作为女主人的林徽因热心接待、耐心操持,这个聚会根本不会存在。

费慰梅记得当时林徽因热情地帮助邻居解决纠纷：

陈妈有一天惊慌地跑进来说，梁家高围墙西沿住的那位邻居，屋顶上裂开了一个大洞。她说那里的房客穷得修不起房顶，求徽因向房东说项。像平时一样，徽因马上放下手边的工作，亲自去调查这件事。她同房东一说，发现房客住三间房，每月只付50个铜板（合十美分）的房租。房东说，现任房客的祖先在两百年前的乾隆年间就租下这房子，每月付固定的租金。由于是同一户家庭一直住在那里，按中国的法律，房东是不能提高房租的。徽因生动而详细地叙述，最后以徽因捐给房东一笔修缮屋顶的款项，而结束了这个故事。我们又笑又鼓掌。"你向我们讲明了过去的北京仍旧赫然存在，徽因真有你的！"

林徽因的周围围了一大帮男性，不免遭人嫉恨，不过了解内情的人依然能同林徽因成为好朋友，比如这些男性的太太。沈从文的妻子张兆和、叶公超的妻子袁永熹、钱端升的妻子陈公蕙，等等。

1937年10月，林徽因在长沙给沈从文写信：

东西全弃下倒无所谓，最难过的是很多朋友都像是放下心地走掉，端公太太、公超太太住在我家，临别真是说不出的感到似乎是故意那么狠心地把她们抛下。兆和，也是一个使我顶不知怎样才好的，而偏偏我就根本赶不上往北城一趟看她。我恨不得是把所有北平留下的太太孩子挤在一块走出到天津再说。

除去林徽因的内疚，这封信还透露一个信息，就是这两位太太和林徽因好到了如胶似漆的程度，能够长期住在林徽因家里。林徽因和陈公蕙是亲戚，是林徽因把陈公蕙介绍给了钱端升。一次，钱陈二人因为婚礼的事吵了起来，陈公蕙一气之下跑到了天津。

金岳霖回忆：

钱端升和陈公蕙在结婚酝酿过程中出了一点小岔子，陈公蕙突然到天津去了。钱端升请求梁思成开汽车追。汽车中除梁思成、林徽因外，也有我。还好，到天津后，陈公蕙还在天津。陈、钱和好了，他俩一同到上海去结婚了。

到了昆明后，钱端升夫妇紧挨着梁家建了房子，继续做好亲戚、好闺蜜。

在昆明的路上，林徽因夫妇认识了一群航空学校的学员，就此和他们结下了友谊，昆明时期、李庄时期的梁家，一直是这群飞行员的另一个家，他们经常到梁家做客，而林徽因一直热心地接待这些孩子，一次次为国捐躯的噩耗，都让林徽因难过好一阵子。

梁从诫回忆：

在昆明时，每当休息日，他们总爱到我们家来，把母亲当作长姐，对她诉说自己的乡愁和种种苦闷。他们学成时，父亲和母亲曾被邀请做他们全期（第七期）的"名誉家长"出席毕业典礼。但是，政府却只用一些破破烂烂的老式飞机来装备自己的空军，抗战没有结束，他们十来人便全都在一次次与日寇力量悬殊的空战中牺牲了，没有一人幸存！有些死得十分壮烈。因为多数人家在敌占区，他们阵亡后，私人遗物便被寄到我们家里，每一次母亲都要哭一场。

到了昆明后，家庭开始逐渐困窘的林徽因依然保持了热情好客的习惯，林徽因在给费慰梅的信中写道：

一到晚上，你会遇到一些从前在北京每星期六聚会的朋友在这儿那儿闲逛，到妇孺们来此地共赴'国难'的家宅里寻找一丝家庭的温暖。在轰炸之前，我们仍旧一起聚餐，不是到饭馆去，而是享用我在那三间房子里的小炉子上的烹饪，在这三间房子里，我们实际上做着以前在整个北总布胡同三号做的一切事情。对于过去有许多笑话和叹息，但总的来说我们的情绪还很高。

李庄时期，林徽因夫妇陷入了人生和事业的最低潮，不过这并不妨碍他们一如既往地热情好客。

由于战时物资紧张和没有了稳定的收入来源，李庄无法照搬昆明的"星六聚会"，更无法拿出北京的"太太客厅"的条件来招待客人，但林徽因夫妇依然保持着足够的热情，迎接各方朋友。

最重要的客人自然是金岳霖。1941年，老金休年假，从昆明西南联大到四川宜宾李庄住下，继续"逐林而居"。老金是客人，也是主人。林徽因夫妇要做的，就是在自己的院子里为老金找到一间房子，让他住下来。

除去老金，西南联大单身汉们组织的互助组，也是林徽因热情参与的事件之一。一方面,林徽因一家是互助组的主要照顾对象,另一个方面也可以通过这个组织照顾其他人。之前在谈及林徽因的幽默风趣时,曾经提到她如何热心地策划每只表该如何出售等等,这是她力所能及的乐事之一,想必她是非常热心的。

费正清、费慰梅夫妇,是林徽因在李庄接待的重要客人。费慰梅回忆:

费正清一在重庆安顿下来,梁氏夫妇就热切地等待着他去看他们……他在路上感染了肺结核,在李庄的一周时间有好几天都躺在床上发烧。和徽因的病房只隔着一座大厅。思成在病房的两张病床之间拿着食物、药品、体温表等跑来跑去地奔忙着。那么这次期待已久的重聚是一次完全的失败吗?恰恰相反。在费正清离开以后徽因给他写信说,她仍然"处在你的巨大影响之下。开玩笑和嬉闹我早已不习惯了,现在它们对我来说是一种享受,在严肃的谈话、亲切的私语和冷静的讨论之余,那半严肃的、不拘礼节的隐喻和议论,是非常动人心弦、极其讨人喜欢和十分甜蜜的。"

1943年,英国生物化学家李约瑟教授以英国驻重庆大使馆战时科学参赞访问李庄,先后拜访了傅斯年、陶孟和等当时在李庄工作、生活的学界大佬,出乎意料的是,梁思成、林徽因夫妇居然也在名单之内。大概是梁思成已经在中国古建筑研究方面取得一定成绩的缘故。李约瑟的到来,受到了林徽因夫妇的"隆重接待"。

卧病在床的林徽因在给费正清的信中说:

李约瑟教授来过这里，受过煎鸭子的款待，已经离开。一开始人们喜欢彼此打赌，李教授在李庄逗留期间会不会笑一笑。我承认李庄不是一个特别使人兴奋的地方，但是作为一个中国早期科学的爱好者，又不辞辛劳在这样的战时来到中国，我们也有理由期待他会浅浅一笑。最后，这位著名的教授在梁先生和梁夫人（她在床上坐起来）的陪同下谈话时终于笑出了声。他说他很高兴，梁夫人说英语还带有爱尔兰口音。

一部有关的文学作品中这样描述这件事：

此次面对李约瑟的到访，家徒四壁又好面子的梁思成，抓耳挠腮在院子里转了几圈后，突然发现鸭子们还不知忧愁地呱呱乱叫。这是梁家自春天就开始喂养的几只本地鸭，除指望下几个鸭蛋补助一下林徽因与梁思永的病体，还准备秋后宰杀几只，让平日难见油星的营造学社同仁好好犒劳一顿。如今贵客临门，梁思成只好忍痛割爱，决定先宰杀两只公鸭以款待客人。

梁思成夫妇虽然很热情，不过很难断定鸭子就是他们的。在李庄时期，老金为了林徽因的身体，又开始了养鸡生涯，这是大家都知道的，但是养鸭子却没有听人提起过；梁从诫和梁再冰也没有放鸭子的回忆，如果真养了鸭子，这种经历是断然避免不了的。从营养的角度讲，鸭蛋的营养要超过鸡蛋，但是鸭子的产蛋率极低，一年大概只有70天产蛋，而鸡一年约有300天在产蛋，投入的精力也相对较少。就此分析，梁思成宰了自家的鸭子招待客人，恐怕不太现实。

另外，煎鸭子是自贡盐帮菜，自贡紧邻宜宾，能够吃到正宗的煎鸭子不是什么新鲜事，显然也不是梁思成灵机一动的结果。据此只能断定，李约瑟在梁思成夫妇家吃了煎鸭子，至于这个菜是不是梁氏夫妇提供的，都有待考证。不过，这似乎也没有什么考证的必要，知道梁思成夫妇尽力招待了李约瑟，也就够了。

抗战胜利后，梁思成、林徽因夫妇回到北京，招待客人的机会就更多了。这一时期，梁思成已经在国际上有了一定的知名度，这从他1947年回国带回一辆小汽车就能推测出，他不仅有清华大学的教学收入，设计联合国大厦以及其他收入，已经足够让他很轻松地进行类似汽车这样的大宗消费。再加上清华大学教学的稳定收入，林徽因的热情好客有了更为充裕的条件。

除去招呼梁林两家的亲戚，林徽因对学生也非常热情。林洙是梁思成学生程应铨的未婚妻，从福州到北京后，懵懵懂懂，不知所以，林徽因对这位后辈同乡给予了极大的热心。林洙回忆：

我想着要去见梁思成夫妇这两位赫赫有名的大人物，心中不免忐忑不安，我和他们谈些什么呢？我还从来没有单独和父辈的人打过交道呢。但是，真的见到他们之后，我所有的顾虑都消失了，林先生热情地为我安排在吴柳生教授家借住。当她知道我的学业英语最差时，又主动提出为我补习英语，并规定每周三、周五两次。因为我不善交谈，所以最怕和生人打交道，但是去看林先生，我只要带着耳朵去就行了，她是那么健谈又有风趣，我除了不时发出咯咯的笑声外，再也插不上嘴。她是我一生中所见到的女子中最美、最有风度的。当然，我见到她时她已是四十多岁的人了，病魔已把她折磨得只剩下一把骨头。但是一旦和她接触，实体的林徽因就不见了，你所感受的只是她的精神，她的智慧与美的光芒，我常常陶醉在对她的欣赏中。

林先生是我的老师也是我生活的领路人。而且，连我当初的婚事都是她在病中一手为我操办的。不久因为林先生病情加重，我们停止了英语课。

在新中国成立后，林徽因由于身体每况愈下，又被剥夺了清华大学教师的差事，和外界的交往逐渐减少，到了后期，形容消瘦且自尊心极强的她几乎到了不见陌生人的地步——这也是她在生命最后几年里逐渐消失于人们视野中的主要原因。在这种情形下，林洙和林徽因夫妇的交往就算是比较密切了。

虽然身体欠佳、对外交往减少，林徽因的好客之风未减。比如之前提到的为徐志摩的表弟陈从周等人做饭、为吴良镛安排住宿，指导常沙娜、钱美华等人抢救景泰蓝等等，都能说明林徽因在生命的最后几年里，依然竭力提携青年、热情好客。

梁从诫的清华同学回忆：

在清华学习期间，梁从诫曾几次带我到他家中玩。当时他家住在新林院8号。那是一栋新建的别墅平房，很漂亮。我去时，他父亲大都去学校或市政府工作了，只有母亲在家。当时林先生已年过45岁，而且久病在身，面容略显憔悴。但谈起话来仍很精神，并给人一种清新灵俏之感。

当时，我还是个毛头小伙子，但她完全以一种平等的态度同我交谈。当她听说我的老家在山西汾阳时，高兴地说，她和梁先生在汾阳住过好多天，在那里调查古建筑时，常常趴在庙宇的梁上，用手拨开密密的蜘蛛网，抹去厚厚的尘土，丈量古建筑。汾阳有价值的古建筑很多，汾阳的城墙也很雄伟。她和梁先生还写过一本《晋汾古建筑纪略》。

可惜当时我怕麻烦她，没有请她找来此书看看。她还称赞汾阳人吃饭很讲究，很会做面食。当时，我感觉她知识渊博，谈吐高雅，又平易近人，很喜欢和她聊天，只是不敢多耽误她的时间。现在看来，能够亲眼见到这位名噪国内外的"一代名媛"和"当代中国第一才女"，并直接同她谈过话的人，恐怕已经不多了。我作为一个普通的平民学生，竟能几次亲聆她的教诲，真可谓三生有幸。

书画家

由于作品较少,几乎没有人注意到林徽因的书画家身份。现在我们就去拜访作为书画家的林徽因。

14岁时,林徽因独自一人编成一本家藏字画目录。这是有关她与绘画有关的最早记载。书画编目是项极为高深的艺术工作,想必林徽因只是简单地辨别款识、题跋、画风、技法等基本纲目,即便这些,对于一个14岁的小姑娘而言,已然是了不起的成就了。

1924年6月,林徽因、梁思成、梁思永同往美国留学,先在康奈尔大学的暑期班上课,林徽因选修"户外写生""高等代数"两门。梁思成选修的是"水彩静物画""户外写生""三角"。进入宾夕法尼亚大学美术学院建筑系和美术系学习后,二人的绘画技法和观念都得到了提高。宾大建筑专业课程中,与建筑有关的就有素描画、水彩画、画法几何学三科,而在美术系学习的林徽因则接受了更为专业的美术教育和西洋绘画技法训练。

虽然在美术系学习，林徽因在绘画这件事上比不过梁思成，尤其是西洋油画，需要静心、恒心，这种创作不适合林徽因。我们后来知道更多的林徽因与美术有关的故事，都是工艺美术，比如本书中提到的设计，纯粹的绘画创造是极少的。林徽因的急躁性格，不仅做不了书画家，连正常的美术教学都吃力：

学建筑要学绘画，一次上素描课，画石膏头像。有个男同学，翻来覆去老是画不好。林徽因自身才气高，悟性强，画也好，教学生不免急于求成，恨铁不成钢，急得脱口说，这简直不像人画的。（陈宇文《走近真实的林徽因》）

1940年，梁再冰痴迷于读书，林徽因画了幅漫画告诫女儿："鼓励你读书的嬷嬷很不希望这个可敬的袋鼠成了你将来的写照。喜欢读书的你必须记着，同这个漫画隔着相当的距离，否则，最低限度，我一定不会有一个女婿的！"漫画中是一只大腹便便的袋鼠，戴着眼镜在看书，袋囊里还装着一本书，地上也堆了书，形象直观，想必少女梁再冰看懂了，一直留到现在。这幅漫画是林徽因唯一一幅漫画作品，也是她现存的少有的几幅绘画作品之一。

吴良镛在1946年冬天见到林徽因时，特意提起了林徽因的绘画：

我问她，我在重庆某处看了你一幅水彩画，你现在还画水彩画吗？她说你是在什么地方看到的，叫什么名字？我说是林徽因的音……她告诉我，早已有人用她的名字，后来改了，水彩以前倒画过,好久不画了,等到找出来给你看。后来她果然找出来,是一张西班牙Grannada的庭园,非常强烈的阳光,对比色很强,这张画后来不见了,想必遗失了。

梁从诫回忆:

一九五三年前后,由北京文物整理委员会编,人民美术出版社出版的《中国建筑彩画图案》,请她审稿并作序,她对其中彩图的效果很不满意,写信提出了批评:

青绿的双调和各彩色在应用上改动的结果,在全彩色组合上,把主要的对比搅乱了。如将那天你社留给我的那张印好的彩色画样,同清宫中大和门中梁上彩画(庚子年日军侵入北京时,由东京帝国大学建筑专家所测绘的一图,两者正是同一规格)详细核对,比照着一起看时,问题就很明显。原来的构图是以较黯的青绿为两端箍头藻头的主调,来衬托第一条梁中段以朱为地,以彩色"吉祥草"为纹样的枋心,和第二条梁靠近枋心的左右红地吉祥草的两段藻头。两层梁架上就只出三块红色的主题,当中再隔开一块长而细的红色垫版,全梁青、绿和朱的对比就清清楚楚,明明白白,一点也不乱。

从花纹的比例上看,原来的纹样细密如锦,给人的感觉非常安静,不像这次所印的那样浑圆粗大,被金和白搅得热闹嘈杂,在效果上有异常不同的表现。青绿两色都是中国的矿质颜料,它们调和相处,不黯也不跳;白色略带蜜黄,不太宽,也不突出。在另外一张彩画上看到,原是细致如少数民族边饰织纹的箍头两旁纹样，在比例上也被你们那里的艺人们在插图时放大了。总而言之，那张印样确是"走了样"的"和玺梫花结带"，与太和门中梁上同一格式的彩画相比，变得五彩缤纷，宾主不分，八仙过海，各显其能，聒噪喧腾，一片热闹而不知所云。从艺术效果上说，确是个失败的例子。

这两段文字中，林徽因围绕色彩和构图两个方面表达了自己的意见，尽管谈论的主题是工艺美术，却不难看出林徽因对色彩的准确理解和精准把控，也侧面证明了她坚实的美术功底。

吴良镛的记忆中，也有林徽因参与美术鉴赏的内容：

（1947年）摘除一个重大的病灶后，林先生的身体逐渐好多了，参加活动多了，其中最值得一提的，就是梁家的"午后茶聚"（afternoon tea）。每天中午以后，大概3—4点钟梁家都要准备饼干、花生米之类的茶点，客人是变动的，高兴就来，有事就走。金岳霖、张若奚、陈岱孙先生常是座上客，主持人无疑是林徽因，……他们都爱绘画，邓以蛰教授（清代著名书法家邓石如之孙，美学家）有时拿来几幅画，供大家欣赏，记得有一次拿来的是倪瓒的树和金冬心的梅等。

其实在太太客厅的客人中，真正喜欢美术作品的人不多，但休闲也好，给主人面子也好，美术作品鉴赏的活动是在所难免的。

2014年3月，四川一家拍卖公司拍卖了署名梁思成和林徽因的一幅扇面。书画鉴定家的评论十分精彩：

这把典型的民国闺秀小扇，是林徽因、梁思成夫妇合璧之作，书画兼有，品相完好，极为少见，是夫妇二人1944年在四川李庄时所作。小扇扇骨纤秀，不盈一握，如弱柳扶风的民国闺秀，雅致至极。扇面一侧为林徽因所绘墨梅图，迄今为止面世的仅此一幅，颇有李清照风骨。梅枝疏影横斜，清丽婉约，线条柔而不失挺拔，梅花娇而不失英气，见梅若见林先生本人。另一面为梁林夫妇的题诗，林徽因写梅花诗九首，字体为民国时期闺秀常用的簪花小楷，其高逸清婉，流畅瘦洁的特色颇得钟繇风骨，但在钟繇瘦洁飞扬的基础之上，更流露出一种女性独有的隽雅灵动的韵味。梁思成录梅花诗三首，字如其人，稳重守正，睿敏内藏，与妻子所书一左一右，一刚一柔，再恰切不过。这把小扇是梁思成林徽因夫妇二人在那段艰难岁月苦中作乐的见证，亦是他们鹣鲽情深，相知相守的记载。

林徽因时年39岁，尚在病中，因而笔力略显弱了一点，个别字有些笔划显得纤细飘忽。但这副楷书八言联整体舒淡雅致，笔划柔中含劲，虽多取弧势，而毫不俗媚，颇有几分丈夫气。全联无一字不飞动，亦无一字不规矩。通过比较我们就可以发现林徽因的临习之功和她的个人天分了。

网上托名林徽因的书画很多，多到让人难以置信。根据我的推断，林徽因不会有太多的书画作品。书法方面，林徽因接受西方教育偏多，书法功底原本一般，有自家面貌恐怕更难。绘画方面，林徽因接受的正规训练同样是西方的，在出国留学之前，没有她接受系统美术教育和绘画技法训练的记录；在她和朋友的交往中，包括在"太太客厅"中，绘画鉴赏也不像"小姐书房"那样专业，她的画家朋友似乎也只有邓以蛰一人，他的身份首先是美学家；她的朋友也没有提到过林徽因的绘画，这也不符合他们赞美林徽因的习惯。

我在资料中见到的唯一一幅可以确认是林徽因的纯美术作品，是一幅名为《故乡》的水彩画，可能现在还在林徽因家人手里。这幅画表现的主体是福建农村，色彩以黄绿为基调，表现的内容为福建乡村的早晨，大致是一家四口，父亲扛着农具正要下田，妻子抱着幼儿坐在门口的石阶上、小女立在石阶上，目送丈夫和父亲。三只鸡已经从晨色中完全苏醒过来，两只也在目送男主人远去，另外一只则引颈凝望女主人，仿佛饥不可耐……充满了浓郁的生活气息。最引人注目的还是林徽因在构图上的娴熟掌握，以及她作为建筑师对建筑的着力刻画——整个画面中笔墨最多的不是人，也不是风景，而是具有鲜明特色的福建民居。

无处说凄凉

疾风知劲草,板荡识忠臣。生活在赞誉声中的林徽因,根本意识不到她的性格、她的处事方式,即将给她和她的丈夫带来多少麻烦。

林徽因最没有想到的,是莫宗江的反目为仇。

莫宗江是梁思成在罗哲文之前收的徒弟。能够称为梁思成"徒弟"的,不是清华营建系成立以后的量产"学生"。清华营建系向学生收取学费,学生可以自由支配自己的时间,也可以向系主任投诉任课老师。更重要的是,梁思成在组建清华营建系之后,担任该系的系主任,加之他和林徽因的身体状况都比较差,他本人又承担了大量政府指定的建筑设计任务,所以梁思成实际为学生授课的时间很少。因此,清华营建系的学生可以称之为任课老师的学生,也可以称之为系主任梁思成的学生,更可以称为当时清华大学校长梅贻琦的学生。

这种学生身份与罗哲文的"徒弟"身份区别极大。作为梁思成的徒弟，罗哲文等人完全融入了梁思成的生活。他们一同工作、一同生活，一起吃饭、聊天，在很多时候，罗哲文还要帮助照顾梁思成的家庭生活，比如前文提到的帮助梁家买东西，和梁从诫、梁再冰玩耍等。

尽管追随者很多，梁思成的徒弟却没有几个。在罗哲文加入中国营造学社的时候，刘致平已经跟随梁思成五年，一直担任法式助理，与梁思成是半师半友的关系；陈明达一直跟随刘敦桢，并与刘敦桢一并离开，到重庆建设委员会西南工作局任职，在中国营造学社期间，他自始至终都没有离开刘敦桢。换句话说，在1943年之后的中国营造学社，几乎等同于梁思成个人的工作室，剩下的"老员工"只有莫宗江和罗哲文两人；而这两个人之所以选择留在百般困顿的梁思成身边，就是因为他们与梁思成不是雇佣关系，也不是合作关系，而是传统的师徒关系。

莫宗江是梁思成的广东老乡，出生于1916年，好像他的某个兄长是梁思成的同学。莫宗江找不到工作，1931年底经梁思成介绍加入中国营造学社，做梁思成助理，1935年被提升为研究生，1942年参与中央研究院对王建墓的发掘工作。他是最早投奔到梁思成夫妇身边的人，梁思成、林徽因也在他身上投入了无数的精力和心血，是真正当徒弟来培养和使用的。

莫宗江属于天才型的人物，他15岁进入中国营造学社，19岁被提升为研究生——这在当时是正牌建筑专业出身的学生才能获得的位置，毕业于燕京大学的硕士、29岁的王世襄进入中国营造学社时，也不过是助理研究生。抗日胜利后随梁思成到清华大学创办营建系，担任讲师、副教授、教授，先后担任了中国建筑史、美术、建筑设计基础等课程的教学与研究工作直至离休。莫宗江是"全清华大学唯一不具大学学历的教授"（莫宗江学生，中国工程院院士张锦秋语），他从1931年起追随梁思成，之后几乎所有梁思成夫妇的重要活动中，例如设计国徽、编撰建筑书籍等，都能够见到他的身影。

莫宗江和罗哲文是在"梁氏作坊"里成长起来的人才。中国营造学社这种发现人才、培养人才的做法，在当时的中国是非常先进而且实用的教学方法。梁思成称得上通过类似"私塾"的途径来传授西方科学知识的第一位老师，而莫宗江和罗哲文自然是通过类似"私塾"的途径来学习西方科学知识的第一批学生。

从李庄回到北京时，梁思成一共带回刘致平、莫宗江、罗哲文等四个人，其中莫宗江和罗哲文都没有学历，二人到清华大学后的待遇却千差万别：罗哲文到了中国建筑研究所，也就是中国营造学社的延续。研究所这是清华大学建筑系的附属机构，几乎所有清华大学的教授和部分学生骨干都是这个研究所的人员，所以这个研究所是没有正式编制的。罗哲文先生就是这点好，每天乐呵呵的，你让我干什么就干什么，再说1945年清华复员时，罗哲文刚刚20岁出头，到北京这件事本身对他而言就是大事，至于编制什么的，不是他不眼红，而是他觉得自己够不着。够不着不惦记，心态自然就好了。

莫宗江待遇显然要好很多。当时，梁思成在美国访问教学，林徽因一力把莫宗江提拔到教授位置。老实说，经过系统训练，莫宗江已经成为林徽因不可或缺的助手。莫大师的人生仿佛开挂一样，擅长各种绝活，居然能用农民的烟叶做出哈瓦那雪茄的味道。尤其是莫宗江的图纸作业非常漂亮，在梁思成体力不支的时候，无论是营造学社时期还是清华时期，都能看到莫大师手持一柄长剑，在屋顶喟叹人生寂寞如雪。

这样的人，林徽因是不会把他放到研究所这种偏锋上的，而是要把他结结实实地用在刀刃上。于是江湖刀客莫宗江就成了大内侍卫。这是什么情况？这相当于一个在路边卖各种破解版软件的游侠，被政府收编，还调进了中科院计算机所，解决了户口、住房、待遇，名片上印着"教授、博士生导师"，出门带着女研究生，身后数个男研究生，手里若干课题经费……跑题了，上过大学的想想博导、硕导，再想想隔壁解放前参加革命的老同志，你就发现混进大学是多么的重要，然后接着发现人生有无数可能，可是由于没人给你机会，你唯一可以确定的可能就是扑街……又跑了。

总之，就是莫宗江师叔一下子就成了清华大学建筑系教授。为了这个身份，林徽因付出了多少努力，我们不得而知，可以确定的是，在莫师叔之前，我知道在清华大学历史上只有陈寅恪是没有学历的。

在成为教授之初，想必莫师叔是很高兴的，对自己的师父、师娘也万分感激。这种屌丝逆袭的机会，不是你自己能争取来的，必须有高段位的法师给你施加大光明术，还要把你强势带入公会管理层，真的可遇不可求。

可是，莫师叔很快就困恼起来。

首先他发现，虽然自己成了教授，可是师父、师娘好像没把自己当成教授，依然对他喝来喝去，怼他比怼学生还狠。这就很郁闷了。

第二个是来自同事的鄙视。清华建筑系在建系之初就屌炸天，云集了来自全世界的各路牛人。你一个来自花果山的弼马温，也想参加蟠桃大会？于是各种鄙视、各种挤对、各种构陷、各种孤立，反正就是一条，你不是个儿。当然，这也是因为莫师叔太过耀眼了。当时清华大学建筑系有很多建筑专业出身的老师，包括吴良镛院士，也是半路出家。大家都不会绘图，你一个人臭显摆什么？更麻烦的是，其他老师都是被各种滔滔不绝熏得死去活来，"熟读唐诗三百遍，不会作诗也会吟"，讲起课各种喷，学生立马晕菜；莫师叔不会这个，那就是不会讲课。大家一看，踩他的机会来了，于是莫师叔又倒霉了。

老师对自己的态度没改变，同事们却把自己孤立起来，学生估计也会看不起自己，人生一片惨淡。

学生杨鸿勋回忆：

莫宗江是广东人，他感悟好，有天分，图好，木工好。写文章困难，梁、林帮助他写，在营造学社晚期会刊上发表。后来出差写信，写了半天就写几句。莫公当老师，讲课困难，讲平面几何吃力，后来干脆不让他开课了。提莫宗江当教授，有人有意见。莫却处处骂梁。

学生陶宗震回忆：

梁与莫宗江没有很大的矛盾，但莫有意见。梁、林一手把他带起来，那时才十几岁，画图，梁教他，给他书看。初中没毕业，拿到高工资。梁、林有傲慢，对莫宗江当小徒弟斥责。50年代初期，人际关系有了新的变化，搞运动搞乱了。梁、林人前背后对他不尊敬，习惯了，因为以前都是手把手教出来的，像对着徒弟的口吻说话。他当教授的听了不舒服，有自卑感。（2002年2月22日口述）

好在这时候，"革命"来了。开始批判梁思成时，谁也不会想到，得到好处最多的莫师叔，批判自己的老师会这么狠。1955年4月，也就是在林徽因去世的当月，莫宗江揭露了梁思成接受美帝狗特务费正清的馈赠，他到系党委告发："抗战时美国国务院文化专员来中国曾经给梁二百美元，让他研究中国建筑。"并且说梁思成在背后可能和美帝联合搞阴谋。天可怜见，在场的所有人都会想到这是费正清在资助梁思成做学术研究，可是谁能有亲历者、梁思成的嫡系、徒弟加同事了解的内幕多？这记闷棍把梁思成打得够呛，好久没有醒过神来。

如果说莫宗江是偶然，那么中国营造学社的其他人都造反，那就是梁思成、林徽因有问题了。事实上，几乎所有中国营造学社的同事和徒弟都造了梁思成的反。

刘敦桢是中国营造学社的元老，他到学社担任文献部主任时，梁思成同学还在美国上学。梁思成到学社任法式部主任后，二人相处也还算融洽。到了学社没有固定经费来源时，刘敦桢马上就傻眼了：他没有梁思成那么多的社会背景，有各种大佬似有似无、或隐或现地罩着，根本争取不到资金。手里没钱是带不好队伍的，原来跟他不错的刘致平肯定会更多地帮助有实际工作的梁思成；而刚刚为他招收的罗哲文,也很快被梁思成要走了。光杆司令刘敦桢只得另择良木,去了中央大学。离开时,刘敦桢说自己是"净身出户",似乎很是委屈:他是文献部主任,是正经该搞研究的;梁思成时任法式部主任,是应该领着一帮民工干古建维修的。

刘敦桢真正对梁思成有意见,是梁思成拿着学社的劳动成果去出版了著作,把功劳都揽到自己身上,连句感谢的话都没有。在批判梁思成之前,几乎没有人能撼动他在清华建筑系的地位,范围再大一点儿,没人能撼动他在中国建筑界的地位。刘敦桢不服气的结果,就是自己出局,然后没有哪家学校能够接受他;他又不能像解放前那样找到私营建筑师事务所打工,所以只能忍气吞声。运动一来,刘敦桢有了翻身机会,那自然也不会手软。

老实说,梁思成夫妇在处理这个问题时确实欠妥,到最后朱启钤的孙子、刘致平、高庄都说他剽窃,是周扬最后收了口子。

等到开始批判梁思成的时候,林徽因基本上不再参与建筑系的教务,只是有些零星的教学任务,按说不应该有什么冲击。可是林徽因的性格缺陷很明显,得罪过很多人,在平素时还好,等到批判梁思成和她的时候,自然就问题严重了。比如国徽设计,高庄在大会上说她剽窃,但是又没有确切证据,再者国徽的方案是中央综合各方理念汇总而成的,很难说是清华的独创,而高庄也得到了应有的奖励,在批斗的时候再翻出此事,很大程度就是为了发泄一下而已,未必能有什么实际效果。

程应铨侄女程怡回忆:

一天,不知是怎么开的头,沈公公(沈从文)和小舅舅(李宗津）谈到了林徽因。小舅舅是个艺术家，对林徽因一直非常崇拜，谈到当年在清华园参与国徽设计，小舅舅对林徽因的鉴赏力与气度佩服得五体投地。国徽上的"小天安门"是高庄的创意，据说林徽因先生一看到这一稿就把自己原先的"大天安门"方案否定了，说这样的空间感反而使天安门更显得宏伟壮观，并极力向周恩来推荐高庄的创意。

刘致平是东北大学第一届学生，"九一八"事变后，刘致平逃到关内，在中央大学读完了本科，毕业就失业，流浪到上海是被华盖事务所收留，开出的工资是小学教员的一半多。梁思成看他混得很惨，就在1935年把他招聘到了营造学社，担任法式助理。

1937年的时候，刘致平没有和梁思成夫妇一道去山西考察，抗战爆发后他无处可去，就一直打听着追随梁思成一路南下。在长沙的时候被当作间谍抓了起来，是梁思成出面保释他。在昆明和李庄时期，营造学社几乎都是靠梁思成的面子活着，刘致平自然也不例外。1943年，刘敦桢离开营造学社后，梁思成把刘致平提拔到了研究员，二人是学社仅有的两名研究员。抗战胜利后，梁思成又把刘致平、莫宗江、罗哲文三人带到了北京，刘致平也成了清华大学教授。

在批判梁林的时候，刘致平不仅说剽窃，还说梁思成把资料带到国外是卖国，梁思成听了非常难过。

无论在中国营造学社还是清华大学建筑系，林徽因在很长时间内都是取代梁思成的实际领导者，这也是清华大学建筑系的很多师生称她为"垂帘主任"的原因。

"垂帘主任"是很恶毒的叫法，垂帘听政的慈禧太后是个恶毒专横、贪功恋权的女人,而她"帘子"的前面是傀儡儿皇帝。不难看出,很多师生对林徽因病重不能视事还如此沉溺权力非常不满。到了开始批判梁思成的时候,林徽因已经在医院病入膏肓,所有的非议、不满、怨恨,在梁思成身上来个总爆发。幸好梁思成性格还算柔和,没有像林徽因那样拍桌子大喊大叫,才平安度过了风波。

林洙在回忆录里提到,到医院看望梁思成的人很少,其实当时林徽因生病的时候看望她的人更少。以至于我在为罗哲文先生写传时,一度以为他没有参加林徽因的追悼会。后来有一次在钓鱼台开会遇到梁从诫先生,他亲自告诉我说:罗先生参加了,我们全家很感激他。罗先生不过是林徽因的小弟子,在1955年不过是个刚刚崭露头角的古建研究学者,能被梁从诫记得如此深刻,这也从侧面说明当时参加追悼会的人不多。

一生育人无数、救人无数,到了晚年却落得凄凄凉凉,不能不说作为领导的梁思成和林徽因是失败的。而作为梁家的实际话事人,林徽因无疑要为此承担更多的责任。

匪夷所思的时期,自然有匪夷所思的事情发生,不一定非要跟人品什么画上等号。

梁思成和他的学生、弟子有着无法"革命"掉的感情,学生骂完老师后,在老师最艰难的时候,依然会支持他。林洙回忆:

1962年6月我与梁思成登记结婚。由于我们在年龄上、学识上及社会地位上相差较大,因而在社会上引起了不小的反响,使我感到压力很大,因此我们除了去拜见思成的娘和姐姐及当时建工部副部长周荣鑫同志外,就没有其他举动。……原来当时中建史学界正在北京开会,陈从周先生嬉闹着要思成补请一顿喜酒,思成也就随口答应了,并没当回事。那天陈从周先生真的率了一帮朋友来了,有刘致平先生、陈明达先生、莫宗江先生、罗哲文先生和夫人,还有几个朋友我已记不清了。大家吃了一顿很不像样的饭后就一起到院子里去照相。我们一群人照了一张大合影,又以不同的组合照了不少相。罗哲文又给我和思成照了合影。那天我为朋友们对我们热情的祝贺而高兴,又为这顿很不像样的午餐感到难为情。

相逢一笑泯恩仇,徽因泉下有知,当浮一大白。
(陈徒手先生当年埋首图书馆,查阅了大量资料,真实还原了历史。本篇文章的资料,基本都来源于陈徒手先生当年的辛苦劳作和后续采访。在此跪谢。)

国徽：集体智慧的结晶

成为中华人民共和国国徽的设计者，这是至高无上的荣誉。

在百度下键入"国徽设计者"，共出现17600条记录，加"梁思成"出现3440条，加"林徽因"出现3030条，加"张仃"出现1310条，加"高庄"1190条，加"周令钊"108条……

《中华读书报》曾刊出的三篇文章，对国徽设计作出三种陈述：

1997年10月1日，该报选登了《建筑师梁思成》（林洙著）一书中有关国徽设计的内容，题为《梁思成、林徽因设计国徽始末》。文章说："1950年6月23日，召开全国政协一届二次大会。在毛主席提议下，全体代表以起立方式一致通过了梁思成所领导的林徽因参加设计的国徽图案。"

同年10月15日，该报登出一封来信，题为《任继愈先生投书本报指出，国徽设计者应是高庄》，来信说："据我所知，国徽设计

国徽：集体智慧的结晶 | 175

者是清华大学的一位青年教师，他叫高庄（男）。""国徽最后选定了高庄的设计，并经中央政治局通过。"

1998年2月6日，该报又刊出题为《国徽设计者到底是谁》的文章，提出"国徽设计涉及好几个方面、有近一年的过程，它是多方面参与、阶段性完成的、集体创作的成果。但是，参与创作者的不同分工和责任还是可以划分得很清楚的，主体创意：张仃；图纸成稿：清华大学营建系；模型定型：高庄。"

众说纷纭，莫衷一是。

2006年10月7日，官方以新华社电的形式作出定论：

1949年10月，中央人民政府成立后，即委托中央美术学院成立了国徽设计小组，由张仃、周令钊、钟灵等几位美术家组成。后来，周恩来指示要多吸收一些专家共同设计国徽，又在清华大学营建系成立了以系主任梁思成为首的国徽设计小组，最后的定稿图，以清华大学设计组的方案为主。

至此，梁思成是中华人民共和国国徽的主要设计人之一，得到了国徽拥有者和使用者——中华人民共和国的肯定。

清华大学国徽小组的成员，有几种说法：

《记忆·梁思成的1937年》：

1949年9月25日，张仃、钟灵提出5个与政协会徽相似的国徽图案。也大约在这个时候，清华大学教授林徽因、莫宗江提出了一个国徽图案，被要求修改并参加复选。经过清华大学教授邓以蛰、王逊、高庄、梁思成的协助，10月23日提出修改方案。

中国政府网（http：//www.gov.cn）《中华人民共和国国徽·国徽的诞生》：

清华大学和中央美术学院收到了政协的邀请,分别组成了由建筑学家梁思成、林徽因领导的清华大学营建系设计组和以美术家张仃为首的中央美术学院设计组,展开设计竞赛。

1950年6月20日,国徽审查小组召开会议,最后一次评审清华大学营建系与中央美术学院分别提出的方案,最终确定清华大学营建系梁思成、林徽因等8位教师设计的国徽方案中选,并送政协大会表决。此后又根据周恩来总理的意见,改进了国徽的稻穗细部形象。

《林徽因传》(林杉,九洲图书出版社1998年10月):

这个房间里的灯光,已经几夜未熄了。这里是清华大学营建系国徽小组的设计室。林徽因和她的助手:李宗津、莫宗江、汪国瑜、胡允敬、张昌龄、朱畅中、罗哲文等,围着一张桌子,热烈地讨论着。满桌子满墙壁都是他们画出来的草图。

人民网《我国国徽的诞生》(人民日报网络版资料1998.9.28):

清华大学营建系国徽设计组由我国著名建筑学家、营建系主任梁思成教授担任组长,成员有梁思成先生的夫人、建筑学家林徽因、画家李宗津、中国建筑专家莫宗江、建筑设计教师朱畅中、汪国瑜、胡允敬、张昌龄以及研究中国古建筑的学者罗哲文等。

中央美术学院国徽设计组由著名工艺美术家、教授张仃、张光宇、周令钊、钟灵等组成。

《毛泽东入主中南海前后》（原非 张庆编著，中国文史出版社1996年11月）：

于是，清华大学营建系也成立了国徽设计组。组长由梁启超先生的儿子、营建系主任梁思成亲自挂帅。组员有建筑学家林徽因、画家李宗津、中国建筑专家莫宗江、建筑设计教师朱畅中、汪国瑜、胡允敬、张昌龄以及研究中国古建筑的学者罗哲文等。按政协国旗、国徽审查小组提出的要求及各界人士提出的意见，并比较了所有的设计方案，两个国徽图案设计组最后确定国徽图案的内容：齿轮麦稻穗五星绶带组成大团结的意象；天安门作为国徽的主体表示民族精神。

能够直接证明罗哲文参与国徽设计的，是清华大学国徽设计小组一张合影。《正投影 国徽设计中亮丽的一笔》（《北京晚报》2006年8月21日）以及《清华校史》在《迎接中华人民共和国诞生》（原载《清华人》2008年第2期）都使用了这张照片，前者加注的照片说明为"清华大学国徽设计小组的部分成员在梁思成住宅前留影"，后者为"清华大学国徽设计组成员与各种设计方案合影"。这张照片上，前排左一手扶第三号作品的，就是罗哲文。

后来很多人认为，国徽是清华大学国徽设计组的集体成果。梁思成就持有这种观点："我所引为最光荣的，就是中华人民共和国国徽是清华大学营建系教师们的集体创作，而我是其中的一个。"

出乎意料的是，梁思成的这一说法遭到了罗哲文的反对。2008年，罗哲文在接受CCTV采访时表明了自己的观点：

国徽当时有很多方案，主要是两家，一个是清华大学的，一个是中央工艺美院的，所以我一直在说，这个国徽不是哪一个人的功劳，是集体的成果，特别是不能忘掉中央工艺美院那个，后来很多方案都参考了他们的，比如说这个天安门。

就事实而言，国徽设计者不仅仅是清华大学国徽设计组的成果，它吸收了包括毛泽东、周恩来以及全国政协国徽审查组、中央工艺美院等很多单位和个人的智慧。

CCTV4《国宝档案：中华人民共和国国徽》（2008年3月7日）在结尾总结认为：

国徽是在周恩来主持下，由政协国徽审查组邀请了一批专家共同努力，在广泛听取各界人士意见的基础上制定的，它是集体智慧的结晶。

这是最为公允的说法。

换言之，除了高庄有资格以"国徽定型设计者"而单独存在外，其他国徽设计者在介绍自己的时候，都应该加上"之一"二字。

清华大学：你就在我的因缘际会里

新中国成立以后，林徽因依然不是清华的正式员工。1991年，陈学勇老先生曾经专门致信清华询问此事。清华大学回信说："接到您的信后，我即请档案室同志查档，但告无林徽因的档案。后经建筑系人事科查证，徽因确不是清华大学的正式工作人员。有一段时间曾为我校客座教授，故而没有她的档案材料。"

清华大学建筑系第一班学生、教授朱自煊回忆：

林先生从1947年1月开始授课，讲住宅设计、装饰等。当时的建筑系设在水利馆二楼，台阶很高，生病的林先生根本上不去，我们就到她家里听她讲课。她不在系里挂名，完全是义务讲课。

纳尼？

林徽因大功于清华建筑系

1946年，梁思成向清华大学校长梅贻琦建议成立清华大学建筑系，得到允可。

此时，梁思成取得了一系列成果，在世界建筑界的地位已经确立他的著作通过《中国营造学社汇刊》以及他在美国杂志Pencil Point上发表的文章早已传到西方，为他在国际上赢得了崇高的声誉；他的《图说中国建筑史》业已完成。当清华大学决定让梁思成赴美考察时，美国的耶鲁大学邀请他赴美讲学一年；普林斯顿大学邀请他参加1947年4月"远东文化与社会国际研讨会"的领导工作；中国政府派梁思成担任联合国大厦设计的建筑师顾问团中国代表，参加讨论设计方案的国际会议……他几乎成为中国建筑界世界范围内的代言人。

对于清华大学而言，建筑系的诞生是水到渠成的自然规律。抗战之后中美关系进入蜜月期，清华大学得以急剧扩张，1928年，罗家伦把清华学校改建成国立清华大学时，有文、法、理、工4个学院，16个系；1946年清华复校时，有文、法、理、工、农5个学院，26个系。而且在罗家伦、梅贻琦的持续努力下，清华大学已经成长为全国首屈一指的工科强校，设立单独的建筑系确有必要。

林徽因在早期清华大学建筑系中，是个不可或缺的灵魂人物。从筹建阶段开始，延请教师、编订课本、制定课程等一系列教务工作，都是在林徽因的具体指导下完成的。吴良镛院士回忆，邀请他到清华大学建筑系任教的信函，就是林徽因口述、罗哲文执笔的。梁思成此时在干什么？作为全国名列前茅的建筑学家，他的社会活动频繁，1946年10月到美国讲学，一直到1947年8月才回来，那时的建筑系，大致雏形已经确定了。

在具体教学中，很多学生对林徽因也印象深刻。朱自煊回忆说：

林先生从1947年1月开始授课，讲住宅设计、装饰等。当时的建筑系设在水利馆二楼，台阶很高，生病的林先生根本上不去，我们就到她家里听她讲课。她不在系里挂名，完全是义务讲课。

新中国成立初期，清华大学建筑系取得的很多成就，都与林徽因密切相关，包括设计国徽、设计人民英雄纪念碑、保护北京城等等。林徽因自己也很繁忙，开专栏、办讲座、写论文、教课、指导学生论文等等，这些活动，自然都是以清华大学建筑系一级教授的身份完成的。

这么优秀的老师，清华何以拒绝？

排外的清华

作为小人和八卦党，我想到的第一件事就是清华的排外。

清华大学教授曾昭奋撰写的《一代大师出梁门——梁思成先生创建清华建筑系五十年》，对梁思成主持的建筑系不无非议：

清华大学"排外"，这在中国高等教育界中似乎已成了一种共识。"文化大革命"以前，清华大学的政治课教员，是从电子系、建筑系等系调来的，基础课中的教学、化学教员，则是机械系、水利系等系的毕业生，连管理学校的许多书记、部长、处长，也由本校各专业中学有所成的毕业生充任。至于业务教师队伍中，更极少是"外来户"。"文革"中曾经批评这是"针插不进、水泼不进"的独立王国的做法。然而这种做法却极有利于全校的"政令统一"，使学校的整个运作更为省力，更为有效，似不能简单以"利""弊"评之。

就建筑学院的情形来说，其排外，或曰近亲繁殖的情况，也很难说是高于或低于整个学校的排外或曰近亲繁殖的水平。梁思成先生创建清华建筑系时，可以说是以中央大学建筑系（现东南大学建筑系）的毕业生为主力（还有重庆大学建筑系的毕业生等）。但是，当它有了第一届毕业生以后，这种排外的、近亲繁殖的现象就开始了，而且近于成了一种传统。

有一个不完全的统计数字：1960年及此前从天津大学、同济大学、东南大学、华南理工大学的建筑系分配来清华建筑系任教的二十多人中，能够在这里呆到退休的只有两人，最后，两人都成为"提了职称立即退休"的教授（清华的教授有三种：一是在60岁以前晋升教授，属于正常、正牌教授；第二等是提了职称立即退休的教授，可领到教授的工薪；第三等是只惠赠称号的教授，工薪仍保持原副教授的级别）。在二十世纪五十年代至六十年代初期，教师队伍相对稳定，极少见异思迁，更无人"下海"，上述此种"淘汰率"之高显得十分突出。天津大学建筑系系主任徐中教授在逝世（1985年）之前，曾谈到该系多名毕业生在清华任教二三十多年而未有一个能成为教授的情况，竟愤愤然曰：把他们召回天大来当教授好了。

从清华学校的"遗传基因"看，林徽因不是清华留美预科生，也没在清华学校上学，算是外来户。可是从清华大学建筑系的遗传基因看，尊一声林徽因是清华大学建筑系之母，理由还是很充足的：首先梁思成"据说"就是在她的感召下学习建筑专业的。其次她和丈夫经营的中国营造学社，是清华大学建筑系的"基本盘"，这里还有她的一份贡献在内。再次就是刚才提到的她以清华大学教授身份完成的很多重要工作，直到今天清华大学还引以为荣。最后嘛，刚才提到的近亲繁殖，直接导致今天的清华大学建筑学院，还是梁思成、林徽因夫妇的徒子徒孙的天下。

教授的风骨

清华拒绝林徽因的事实,知道的人不多。林徽因的女儿梁再冰都认为,妈妈在建筑系成立初期就被聘为一级教授。所以,关于此事的议论和猜测也不多,可以参考和借鉴的资料少之又少。其中唯一对我口味的,是著名作家韩石山的说法:

中国营建学社复员的时候,就由清华大学安排飞机,回到了北京。可以说,1946年清华设立的建筑系,就是营造学社的班底,梁思成既是营造学社的社长,又是清华大学建筑系的主任。两块招牌,一套人马。这样设立的建筑系,梁思成怎能把自己长期卧病在床的夫人,聘为建筑系的教授?

我再进一步延伸一下,如果是林徽因坚持要当正式教授,会是什么结果?梁思成先生怕老婆,这是全球公认的,妻子是他在工作上的重要助手和伙伴,他不敢说不行。至于清华大学和梅贻琦校长,更是无话可说,清华大学建筑系的筹建工作,基本都有林徽因的身影,每次到梅贻琦家里研究工作,林徽因都会参加。因为人家有这个实力,就是闹到蒋委员长那里,估计也能得到支持。

林徽因未在清华任职,不仅是身体原因,还有一个原因,就是清华有个传统:夫妇不能同校任职。没有明文规定,但事实上就是这样执行的。

除了梁思成夫妇，陈梦家夫妇也受到了这个"潜规则"的影响。1935年，赵萝蕤从清华外国文学研究所毕业，转入西语系任助教。1936年，与陈梦家结婚，后来陈梦家到西南联大任教，就是因为这个规定，赵萝蕤只能放弃工作，做了家庭主妇。抗战胜利后，赵萝蕤离开清华，成了燕京大学西语系的主任。

林徽因放弃了成为清华人的机会。已有的工作已经很多了，自己的身体无法再进行更多的工作。临时工可以被学生抬着上课、可以在家里为学生上课，并没有坏了规矩；但如果是正式教授，一贯严于律己、严于待人、高傲自芳的林徽因，肯定接受不了这种近乎怜悯的馈赠。

朱自煊后来回忆说，他们当时拒绝林徽因当垂帘主任，图样图森破，等到长大后，为自己年轻时的行为感到很羞愧。他们的举动，不是拒绝一个闲极无聊又专横跋扈的女人，而是在伤害一个满心热爱工作又不汲汲于个人利益得失的知识分子。

或许因为这个原因，除了清华人事处，所有的清华人都愿意认为林徽因是清华人。这个认可，不是因为林徽因是个值得钦佩的、有良心的知识分子，而是她用早已被宣布死亡的生命，以及无与伦比的热情，为这个学校争得了荣誉、注入了活力。

题外：

2016年4月17日，李克强造访清华大学，院系第一站就是建筑学院：

离开校史馆,李克强来到建筑学院,与吴良镛、关肇邺、李道增、江亿四位院士一一握手并致问候。总理走进中国营造学社纪念馆,参观陈列的梁思成先生等建筑大师的珍贵作品,包括《图像中国建筑史》英文手稿、为创办清华大学营建系(建筑学院的前身)写给梅贻琦校长的一封信,以及汉画像砖、"样式雷"清陵烫样等藏品。

吴良镛、关肇邺、李道增,都是林徽因的学生。

寂寞过客

林徽因留给世人的最大遗憾，是她一直在舞台中央，却始终不是真正的主角。

比如在自己的爱情这件事上，她和梁思成都没能自己做主；包括何时结婚也不能自己做主。结婚回国后，在哪里工作也不能自己做主，被公公安排到了寒冷的东北。

她的前半生，是被家长推动着前行，后半生则是被历史推动着前行。

文学上的朝阳群众

林徽因最早被发现的成就，是在文学方面。1930年，林徽因从东北回到北京后，先是在梁家大姐那里养病，一年后搬到了西山，由此开始了文学创作。当时，徐志摩除了任职教师外，已经成为新月派年富力强、勇于任事的新锐力量，他开办了新月书店，是《新月》《诗刊》《新月诗选》等"新月"书系的实际控制人。

在徐志摩的安排下，1931年4月12日，第二期《诗刊》就刊登了林徽因的两首诗：《谁爱这不息的变幻》《这一夜》，徐志摩对此竭尽溢美之词："卞之琳与尺棰同是新起的清音，我们觉得欣幸，能在本期初次刊印他们的作品。"恨不能奉为天人。

就在把林徽因引向文学之路之后不久，徐志摩飞机失事逝世。徐志摩逝世前，《新月》杂志已经面临严重财务危机；逝世后更是勉力支撑，林徽因发表作品的数量也急剧减少。除去新月杂志，林徽因的文学活动都和京派的三大重要阵地《大公报·文艺副刊》《学文》和《文学杂志》有着密切关系，这三个刊物的刊头或封面都是林徽因设计的；林徽因也承担了大量《大公报·文艺副刊》在北京的组稿工作，也为三家京派刊物的办刊提供了很多建议。

1933年，天津《大公报·文艺副刊》创刊，杨振声、沈从文任主编。沈从文是林徽因在文学上的另一个重要伙伴。之后，林徽因在副刊上发现了萧乾，成为萧乾在文学道路上的贵人，萧乾在1935年开始主持《大公报·文艺副刊》，据他回忆：

在我编《大公报》文艺副刊期间，徽因一直是我的拉拉队。我每次由天津到北平举行约稿恳谈茶会，她总是不落空，而且席间必有一番宏论。她热烈支持我搞的《大公报·文艺副刊》奖金,还从已刊的作品中选编出一本《大公报小说选》。

从1933年9月创刊至1937年,林徽因在《大公报·文艺副刊》上发表的诗歌、小说、散文随笔等作品,相当于她终身文学创作的一半。

林徽因的第三块文学阵地,是1934年创刊的《学文》月刊,主编是叶公超,林徽因的两个重要作品:小说《九十九度中》和诗歌《你是人间的四月天》就发表在月刊上。

1937年,朱光潜主编的《文学杂志》创刊,林徽因发表唯一的剧作《梅真和他们》朱自清称赞作品风格就像"闷热天气中的一剂清凉散"。

从林徽因的文学活动看,四家刊物都有着林徽因的身影,但林徽因并不是主角;她的很多活动,不是自己独立开展的,而是得到了徐志摩、沈从文、萧乾、叶公超、朱自清等人的帮助。林徽因自己也认为,文学只是她的副业。她的墓碑上刻着的"建筑师林徽因",是她喜欢的称谓。

在文学上,林徽因不是吃瓜群众,是朝阳群众——发挥了重要作用,但不是决定性作用。

梁思成的重要助手

在建筑方面,梁思成和林徽因是一对牛到没天理的夫妻档。到中国营造学社工作后，据说梁思成的月薪是400银元，相当于清华大学系主任级别的月薪；林徽因是200银元，相当于一般教授。从中国营造学社的现有档案看，在1937年之前，林徽因在中国营造学社的身份是校理，大概是校对整理的意思。这个身份属于理事会，不是学社的造册员工，通常是不领工资的。不过，有资料证明，林徽因在学社是领工资的，她的校理始终是专职。当时条件允许，朱启钤大概也不至于太过亏待梁启超的儿媳。

从1932年—1937年，由于朱启钤的关系，中国营造学社得到了很多官方照顾，参与了大量的古建筑维修工作，积累了丰富的古建资料，逐渐成为国内古建研究和维护方面的领军。尤其是与"旧都文物整理委员会"的合作，让中国营造学社参与了该委员会组织的两期北京文物整理工程，时间跨度是从1935年5月至1938年1月，先后修缮整理了北京的重要古建筑，粗略统计有：明长陵、内外城垣、城内各牌楼（正阳门五牌楼、东西长安街牌楼、金鳌玉蝀牌楼、东四牌楼、西四牌楼、东西交民巷牌楼等）、东南角楼、西安门、地安门、钟楼、天宁寺、天坛（圜丘、皇穹宇、祈年殿及殿基台面、祈年门、祈年殿配殿及围墙、祈年殿南砖门及成贞门、皇乾殿、北坛门及西天门、外坛西墙）、国子监辟雍、碧云寺孙中山衣冠冢（金刚宝座塔）、玉泉山玉峰塔、碧云寺罗汉堂、西直门外五塔寺、妙应寺白塔、中南海紫光阁等；天坛祈年殿迄东长廊、碧云寺中路佛殿、文丞相祠、故宫午门、协和门朝房及南薰殿、大高玄殿牌坊、隆福寺毗卢殿、故宫博物院、古物陈列所、中南海及北海公园等。

此外，中国营造学社还参加了北京故宫文渊阁等处修葺计划；

应浙江建设厅之邀，计划杭州六和塔修理计划；受内政、教育二部之聘请，筹划山东曲阜孔庙重修计划；受中央古物保管委员会嘱计划修理赵县安济桥计划、修理大同云冈石窟、修理河南登封汉太室少室启母登石阙、周公庙观望台，计划重修西安荐福寺小雁塔；受青岛市工务局委托拟具修青岛湛山寺塔计划；受中英庚款董事会委托修葺河北正定龙兴寺宋代塑壁。

1937年之后，学社没了朱启钤的支持，到了山穷水尽的地步，林徽因的工资就没有着落了。

1938年1月，中国营造学社到达昆明，得到了中华教育文化基金会的最后一笔补助。当时朱启钤的亲信幕僚周诒春在中华教育文化基金会，他是梁思成在清华读书的校长，是梁启超的信徒、当时营造学社的董事长，据传他曾经专门跑到沈阳说服梁思成加入中国营造学社。周诒春明确表示，只要梁思成和刘敦桢在，基金会便承认营造学社，可以继续给补助，并提名梁思成任学社社长。

经过周诒春的努力，中国营造学社被划归到中央研究院下属的历史语言研究所。梁思成、林徽因等人基本生活有了着落。当教育部决定将中央研究院迁至李庄，营造学社也随之转移。

1942年，在梁思永患病之后，他的上司傅斯年打报告为梁氏兄弟申请救济，（此事真假另有讨论）第一封信提及了梁启超、梁思成、梁思永、林徽因四人，对于梁思成夫妇的介绍是：

思成之研究中国建筑，并世无匹，营造学社，即彼一人耳（在君语）。营造学社历年之成绩为日本人羡妒不置，此亦发扬中国文物之一大科目也。其夫人，今之女学士，才学至少在谢冰心辈之上。

申请迟迟没有结果之后，傅斯年又三次致信，但因为梁思成夫妇与中国研究院史语所无直接关系，就再未提及。"梁任公虽曾为国民党之敌人"，国家困苦之际，蒋介石能拨款救济"敌人"的后人，弥足珍贵。

傅斯年的肯定，对于处于病中的林徽因而言，意义格外不同。在梁思成外出未归的时候，林徽因就急匆匆给傅斯年回信，很是感慨了自己一番：

尤其是关于我的地方，一言之誉可使我疚心疾首，夙夜愁痛。日念平白吃了三十多年饭，始终是一张空头支票难得兑现。好容易盼到孩子稍大，可以全力工作几年，偏偏碰上大战，转入井臼柴米的阵地，五年大好光阴又失之交臂。近来更胶着于疾病处残之阶段，体衰智困，学问工作恐已无份，将来终负今日教勉之意，太难为情了。

八卦消息证明，傅斯年讨厌谢冰心，多是因为和冰心丈夫吴文藻不和，到了剑拔弩张的地步，间接通过梁家的事恶心吴文藻而已。

傅斯年的求救信，透露了两个事实：梁思永和林徽因此时已经不能工作，生命都岌岌可危；在中央研究院一干人等眼里，营造学社是梁思成一柱擎天，林徽因和刘敦桢等其余属员不过映月之光而已。傅斯年肯定了林徽因在文学方面的成就，却忽略了她在建筑方面的成就。这也说明，在李庄时期，病中的林徽因在建筑并没有让人引起足够重视的成绩。这也无可厚非，事实上由于战乱导致的人员匮乏、经费紧张、身体营养不良等诸多问题，已经把中国营造学社困在泥潭之中，实在无力开展更多的工作了。林徽因自己也承认"体衰智困，学问工作恐已无份"，显然这不是谦辞。

纵观林徽因一生，基本可以分为四个阶段，第一阶段是懵懂少年时，就是从美国留学回国之前。第二个阶段是抗日战争爆发前，这段时间是她最好的年华，也是"太太客厅"最为兴旺发达的时候，她把最美好的年华留给了文学。第三个阶段是抗战开始到新中国成立前，林徽因的身体极差，文学创作和建筑考古都基本处于停滞阶段。第四个阶段是新中国成立以后到去世前，她的身体虽然越来越差，但新生的共和国给了她更多的工作机会，使她能够以相对自由的身份参与了共和国的重大事件。

在这四个阶段中，第一个阶段处于林长民和梁启超，第二个阶段属于徐志摩和京派文学圈，第三个阶段是梁思成、林徽因角色互换的期间，梁思成逐渐成长为重要的建筑学家，而林徽因由于身体原因和家庭琐事，逐渐退到了幕后，到了第四个阶段的时候，清华大学建筑系的成立，标志着林徽因已经完全掩藏于梁思成的身影之后。

1925年，鲁迅曾经创作过一幕诗剧《过客》，过客说："不行！我还是走的好。我息不下。可恨我的脚早已走破了。"鲁迅说，这是个反抗绝望的形象。林徽因的后半生，就是在反抗绝望——她被协和医院判处"死刑"后,生命依然绽放出了耀眼的光华。

　　林徽因能够脱离于徐志摩、梁思成而独立存在的,正是她在人格上的独立和思想上的自由,以及她顽强奋勇、百折不挠的精神;她遭受的一切苦难和不幸,都是她洒向这个世界的阳光和雨露,至今仍散发着芬芳、浸润着世界。

　　她是自己的过客,并因此而美丽迷人。

做自己的主人

"多少次迎着冷眼与嘲笑,从没有放弃过心中的理想",这是林徽因的人生写照。为了自由,她愿意付出自己的生命,怎么会在乎别人的流短蜚长?不自由,毋宁死,民国女子中,只有张爱玲和林徽因做到了这点。

做情感的主人

16岁那年到英国居住,带给林徽因的"西方冲击"不多,作为一个"老牌帝国主义国家",英国的刻板和守旧已经成为一种文化。林徽因后来在给沈从文的信中,就抱怨伦敦与她的格格不入:

差不多二十年前，我独自坐在一间顶大的书房里看雨，那是英国的不断的雨。我爸爸到瑞士国联开会去，我能在楼上嗅到顶下层楼下厨房里炸牛腰子同洋咸肉，到晚上又是在顶大的饭厅里（点着一盏顶暗的灯）独自坐着，垂着两条不着地的腿同刚刚垂肩的发辫，一个人吃饭一面咬着手指头哭——闷到实在不能不哭！

理想的我老希望着生活有点浪漫的发生，或是有个人叩下门走进来坐在我对面同我谈话，或是同我同坐在楼上炉边给我讲故事，最要紧的还是有个人要来爱我。我做着所有女孩做的梦。而实际上却只是天天落雨又落雨，我从不认识一个男朋友，从没有一个浪漫的人走来同我玩——实际生活上所认识的人从没有一个像我所想像的浪漫人物，却还加上一大堆人事上的纠纷。

豆蔻年华，正是活泼好动的年纪，林徽因被迫待在家里，为自己没有男朋友而自怨自艾。少女情怀总是诗，难怪林徽因的忧伤铺满月光了。

林徽因第一次飞出樊笼，是她留学美国。到了美国以后，林徽因像是被激活了潜能，成为留学生的活跃分子（参见《留学生中最耀眼的星》），她对自由的向往第一次被注满活力：

开始我的姑姑阿姨们不肯让我到美国来。她们怕那些小野鸭子，也怕我受她们的影响，也变成像她们一样。我得承认刚开始的时候我认为她们很傻，但是后来当你已看透了表面的时候，你就会发现她们是世界上最好的伴侣。在中国一个女孩子的价值完全取决于她的家庭。而在这里，有一种我所喜欢的民主精神。

注意一句话:"在中国一个女孩子的价值完全取决于她的家庭。"林徽因虽然还不能确定自己能创造什么价值,但已经做好了脱离家庭、实现自我的准备。

但她的梦想很快夭折了。这个世界上最关心、最爱护、最心疼她的父亲突然殒命。林长民的离世,给林徽因带来不仅是精神上的痛苦,还有物质的无依无靠。与梁思成不同,林徽因不是庚款留学生,家里为她留学支付了一大笔费用;如果她继续求学,恐怕还要一大笔费用。我想,如果没有这次意外,林长民会不会支持女儿、解除与梁家的婚约?

人生没有分割线,也没有三岔口,林徽因和梁思成还没有回国就匆匆"被结婚"了。

梁启超去世后,能够压制徐志摩和林徽因的人没了,二人开始公开活动,丝毫不在意世人的目光。梁思成只能辞去东北大学的优厚待遇,蜷缩到营造学社这个小单位里,直到徐志摩逝世。单就这件事,梁从诫生前认为徐志摩死得好,并不是恶毒,而是徐志摩行事荒唐,林徽因如果跟他在一起只能受其害。

金岳霖"逐林而居"后,林徽因依然我行我素。"湖南饭店"被传为"太太客厅",与林徽因的不羁放纵不无关系;梁思成的兄弟姐妹和林徽因相处不睦,也与老金的客观存在不无关系。"改嫁金岳霖"的传闻之所以被多数人信以为真,不是因为俗人们相信爱情,而是俗人们根据林徽因行事的作风,推测她有可能干出这种事。这该有多憋屈啊?!

"不作就会死"

林徽因的后半生,很大一部分精力用来和疾病打拉锯战。身体不好,需要静养,但林徽因受不了僵尸一样躺着的生活,拼了命也要沐浴生命的律动。1947年写给费慰梅的信中,林徽因认为是由于自己敢于"冒险",才活得更长久:

在颐和园内,我花七万元雇了一顶全程游览的轿子直上园后的山顶,那是我最喜欢的地方,有一次陪斯坦因夫妇来过。我们玩得很开心;一夜下雨以后天气好极了。周围能看出好几英里远。孩子们徒步陪着我,高兴得不得了。从他们那里得到那么多的照顾使我感到美极了。老金和思成真好,我们外出一天他们看家……你看,我就是这样从水深火热中出来,又进行了这些所谓"不必要的活动",要是没有这些,我早就死了,就像油尽灯枯——暗,暗,闪,闪,跳,跳,灭了!

这种态度,注定林徽因不会像我们以为的"不作死就不会死",而是"不作就会死"。比如在李庄时期,她身体根本不允许她外出,她还是一有机会就出来透气:

我上星期日又坐轿子进城了,还坐了再冰的两个男朋友用篙撑的船,在一家饭馆吃了面,又在另一家茶馆休息,在经过一个足球场回来的途中从河边的一座茶棚看了一场排球赛。
头一天我还去了再冰的学校,穿着一套休闲服,非常漂亮,并引起了轰动！但是现在那稀有的阳光明媚的日子消逝了和被忘却了。从本周灰色多雨的天气看，它们完全不像是真的。

如果太阳能再出来，而我又能恢复到我那样的健康状况，我就会不管天气冷不冷，哪怕就是为了玩玩也要冒险到重庆去。

后来，林徽因果然"冒险到重庆"了。当时在重庆的费慰梅全程接待了她：

这是五年来她第一次离开李庄。她的健康状况是如此不稳定，她在重庆的大部分时间都只能呆在中研院招待所宿舍里。我有时候驾着吉普带她出去玩。有一天我们驾车到郊外南开中学去接小弟。她觉得每一件事都很新鲜有趣。她坐在吉普上眼睛就离不开我们经过的新衣服、车流和重庆这个大城市（现在对她来说是）的市民生活。

在第一次被医生宣判死刑后，懂她的费慰梅安排她到昆明去。明知道有危险，林徽因依然决定再作一次：

当我们把这个计划告知徽因时，她当然明白其中对她健康的风险。然而在稍事犹豫之后，她认定"再次到昆明去，突然间得到阳光、美景和鲜花盛开的花园，以及交织着闪亮的光芒和美丽的影子、急骤的大雨和风吹的白云的昆明天空的神秘气氛，我想我会感觉好一些。"于是决定很快作出，她开始收拾行装，准备她的第一次飞行。

无论是在民国时期还是今天,作为妇女的林徽因都是不被欣赏的。不过这并不重要,比起两次被医生判处死刑的人而言,几乎没有什么方法可以阻止她按照自己的想法活着。如果你"把每天当成是末日来相爱",那就肯定"不理会别人是看好或看坏"。

民国才女

从1937年起，林徽因就没有固定单位，身体也一直不太好，这种情形，通常应该多承担一些家庭事务，可是林徽因非但没有陷入家庭的鸡飞狗跳中，反而成为前文所说的"奢靡贵妇"，似乎有些败家腐女的做派。但近距离观察林徽因就会发现，她虽然偶尔会沾丈夫的光，但她并不是一个在家吃闲饭的家庭妇女，也几乎没有断过各种各样的收入，她的收入，也能够保证自己的生活所需。据此，说林徽因是民国时期的真正的"住家办公"女性，丝毫不为过。

下面我们就来算一算，林徽因一生挣了多少钱。

稿费收入

林徽因的最早一份收入，是稿费收入。

林徽因最早投稿的是胡适、徐志摩等人主办的《新月》杂志，这本杂志是由胡适等人集资2000大洋创办的，后来的实际负责人是徐志摩，徐志摩到上海定居后，《新月》杂志离开了京派文学的土壤，很快被搞垮了。之后，徐志摩、邵洵美创办了《诗刊》，也发表过林徽因的不少作品。当然，林徽因的最大主顾是《大公报》的《文艺副刊》。这家报纸从创刊起就以高薪、高酬吸引编者和作者。据当时在《大公报》任编辑的孔昭恺回忆："这两年一直加薪，到1933年是140元"，因为报酬较高，报社理直气壮地要求编辑、记者不能有除去工资以外的其他任何非单位收入。沈从文从吴宓手里接管副刊后，他的好友和知音林徽因自然近水楼台，很方便发表作品；到萧乾从沈从文手里接过副刊后，北京就成了副刊的真正主持人，林徽因作为萧乾在文学上的师长，不仅投稿，还帮助他组织北京的大家为副刊撰稿。个人以为，林徽因在《新月》起步，真正奠定其文学地位的，却是《大公报》《诗刊》《晨报》等报刊杂志。

民国时期，报纸杂志是各种势力表达意见的阵地，从政客、商人、买办、军阀、学校，都能够通过这个阵地来刷存在感。同时，很多公司和个人把出版作为一项投资营利的买卖，有很多还大获其利，比如今天依旧存在的中华书局、商务印书馆、三联书店，当时都是民营出版商。不过无论是谁，当时对文化、文学的重视，堪称两宋以来最巨。储安平在1939年回忆说：

报馆本身是一种文化事业，所以对于文化者，更应当同情，更不应剥削。所以我编副刊，我总尽我可能的力量将稿费提高。我在南京编副刊时，最少千字二元，千字三元亦极普遍，真正好的文字，虽付四元亦不吝啬。因为唯有你肯出高稿费时，你方能常常收到好稿子，而刊物要编得好，又全靠来稿好。

看好了，不要以为林徽因沾了人脉的光，其实是她给朋友面子。林徽因通过写作，究竟挣了多少钱？

我们先看看当时的稿酬情况。

20世纪30年代，稿酬的计费方式大致有几种，一种是按篇计酬，例如1934年，《大公报》的《星期评论》专栏，给胡适、丁文江、翁文灏、陈振先、梁漱溟、傅斯年、杨振声、蒋廷黻等大家开出的稿费标准是40元；《申报月刊》同年正常开给作者的稿酬是每篇10元—20元。另外一种就是现在流行的按字计酬，例如《旅行杂志》为千字2—10元，《太白》杂志为千字2元—5元。当时，千字稿费最高的是张恨水，能达到千字8元，上海小报传闻："张恨水在十几分钟内收到几万元稿费，在北平买下一座王府，自备一辆汽车。"第二是胡适，千字6元，胡老板有各种收入，绝对比张恨水有钱。

像林徽因这样的知名度极高的名家，多在千字5元左右。诗歌这样篇幅较小的作品，通常以篇幅计酬，估计林徽因能拿到每篇30元的水平。

根据新世界出版社2014年出版的《林徽因全集》统计，是书收入林徽因诗作67首，除去《我们的雄鸡》，其余全部发表过，粗略统计，林徽因至少能拿2000块大洋。如果再加上林徽因担任编委、出席座谈会、组稿费等其他有关文学创作的收入，2000元轻松跨越，不用划拉就到了碗里。

林徽因文学创作的另一部分收入是出版收入。林徽因生前并没有组织出版自己作品的单行本，但作品经常被收入各种文学选集，确实是家常便饭。

除去新诗作品，林徽因还公开发表过十三篇建筑文章、七篇散文、六篇小说、话剧一部（未完成）、译作一部。有人担心梁林合作其实是梁思成单独完成，梁林联合署名的文章暂不计入，例如1952年5月，林徽因、梁思成翻译、上海龙门书局出版的《苏联卫国战争被毁地区之重建》等。

译作《夜莺与玫瑰》是林徽因19岁时的作品，收入《晨报五周年纪念增刊》。民国时期翻译外国作品很吃香，最低稿费是千字1元，以此推论，林徽因可以拿到至少三块大洋。这算是林徽因的第一笔稿费收入。《晨报》是梁启超、林长民创办的报纸，既然是捧自己的女公子，断然不能没有稿费，以免被人诟病。

除去这部译作，林徽因发表的大部分作品集中在1930年—1954年这段时间，正是"中国稿费史"上的黄金时期。

未完成的剧作《梅真与他们》发表于1937年的《文学杂志》，32273字；《纪念志摩去世四周年》，原载1935年12月8日《大公报·文艺副刊》，3671字；《究竟怎么一回事》，原载1936年8月30日《大公报·文艺副刊》，2938字；《模影四篇》发表于《大公报·文艺副刊》，25364字，《窘》发表于《新月》杂志1931年9月号，100083字；《九十九度中》发表于《学文》，11803字；《窗子以外》发表于《大公报·文艺副刊》，4845字……按照这种笨办法，统计出林徽因公开发表的"其他"作品合集125977字，约计12万字。按千字30元计，林徽因拿到2600元是没有问题的。放到今天，类似纪念徐志摩的文章，1000元也有人要……

特别指出，之所以收入林徽因建筑类的作品，是因为除了发表在自筹资金出版的《中国营造学社汇刊》的文章，其他多数也有稿费。包括1951年，应《新观察》邀请撰写的一系列关于北京古建的文章，当时不仅有稿费，而且稿费的标准比起民国并没有降低。赵萝蕤在回忆那段岁月时说：

1956年，他（陈梦家）用《殷墟卜辞综述》的稿费在钱粮胡同买了一所房子。从此他一个人占有了一间很大的寝室兼书房，在里面摆下了两张画桌。这一大一小两画桌拼在一起成了他的书桌，上面堆满了各种需要不时翻阅的图籍、稿本、文具和一盏台灯。

你看，在林徽因去世一年后，陈梦家用一笔稿费还能买18间平房，说明稿费还能够维持一个作家或学者的尊严。到了知识分子老鼠过街人人喊打的时候，稿费才真正降了下来，并且再也没有恢复到足以让作家维持体面的状态。

诗作和其他两项合计，林徽因拿到的稿费在5000元左右。

民国时期的5000元，绝对不是一个小数字。

萧乾晚年说："中国报纸的文艺副刊，一向是作家们的摇篮。许多青年都是始而在报纸副刊上出现，继而杂志，然后出单行本，成为作家的。"

的确，当时很多文学青年为了补贴家用，开始从事文学创作，最后走上了专业创作道路，新中国成立后都成为全国闻名的作家。刘绍唐在西南联大读书时，坚持向文艺刊物投稿，补贴学习和家用；1930年，18岁的王辛笛每月稿费十余元，再也不用为买书饿肚子了；叶圣陶投身文学创作的初衷，也是弄两个零花钱；萧乾本人就是倚托沈从文主编的《大公报·文艺》副刊，以写小说代替工读，沈从文每月发他一两篇小说，保证萧乾有二三十元的收入："在当时，那就很阔气了。"

张恨水坦言："我的生活负担很重，老实说，写稿子完全为的是图利……所以没什么利可图的话，就鼓不起我写作的兴趣。"当时很多人看不起张恨水，可是在稿酬上只能望其项背。

1936年，萧乾担任《大公报·文艺副刊》主编时，直接把稿费寄到了在国外的杨绛，这笔钱居然帮助杨绛夫妇度过了最困难的日子，钱钟书在47年后念念不忘、专门感谢。

所以，当你看到林徽因不上班还敢混马术俱乐部时，千万不要觉得她是腐女，人家能够玩马术，一是靠刷脸，二是自己兜里的确有钱，属于拥有财务自由的新女性。

设计收入

林徽因的设计收入，大致分为三项：CI设计、平面设计、建筑设计。

和今天的情况类似，CI设计在民国时期和新中国成立初期都是报酬丰厚的美差，林徽因是留美的专业设计人才，她的报酬自然比一般人要高出很多。例如最为大家熟知的东北大学的校徽。1929年，林徽因设计东北大学校徽图案，图形以具地方色彩的"白山黑水"为主，获东北大学图案征集奖金400元。东北大学现在的校徽，基本沿袭了林徽因的设计思路，虽然有所创新，但主要要素还是林徽因的底子。当时的400元，绝对是硬通货。1921年，现大洋1元与奉票1元的比例是1:1.436，到了1929年，比例就到了1:23.853，奉票溢价达23倍之多。所以，张学良校长给林徽因教授的奖励是大洋，而不是飞得没边的奉票。

1948年，梁思成、林徽因等8人设计的中华人民共和国国徽方案中选，中央规定给每人奖励小米800斤，据说这在当时是一笔巨款，高庄提议捐给了抗美援朝。还有一种传闻就是中央认为中共党员可以捐献，党外人士还是要尊重知识，于是给梁思成等党外人士发了现金奖励。至于梁林二人有没有领取这笔奖金这里不做讨论，这是他们的劳动收入是可以肯定的。早期稿费标准很高，是新中国尊重知识、尊重人才的印证。1950年，铁道部开始CI设计时，一等奖的奖金也是800斤小米，不中选的二等奖也有500斤，铁道部为这次设计支出了1700斤小米的设计费。

和国徽设计一样，林徽因之后的一系列CI设计作品都是能够理直气壮领取报酬的，例如1951年为"亚洲及太平洋区域和平会议""苏联文化代表团"设计景泰蓝礼品（这个算礼品设计），1952年设计人民英雄纪念碑须弥座图案等等，都在稿费范围之内，至于林徽因拿到手有多少，没有数据，只能笼统地视为收入。参照国徽设计，人民英雄纪念碑设计不是主体部分又是"联合设计"，

100斤小米总是有的。设计景泰蓝作品，也同样没有现成的参照。

平面设计方面，林徽因的平面设计作品多与文学有关，例如1923年为《晨报五周年纪念增刊》增刊设计封面，1934年为陈梦家诗集《铁马集》设计封面，1934年为《学文》设计创刊封面……大家不要以为民国的封面设计没地位，早在1920年，闻一多在《清华周刊》发表《出版物底封面》一文，就已经充分肯定了封面设计的文化价值和商业价值，那时没有专业设计师，有口碑的设计师就更加弥足珍贵。

比如鲁迅的御用设计师陶元庆，鲁迅的《彷徨》《故乡》《坟》等重要著作的封面，都是由他设计的。估计他的设计风格比较颓，符合鲁迅的路子。陶元庆同学和鲁迅陆续合作了5年，然后就在36岁病逝，鲁迅花了300大洋为他在西湖边买了墓地，种花植树，名为"元庆园"。陶同学毕业于上海艺专，绘画的本领籍籍无名，反倒是封面设计这个新鲜行当让他"极尽哀荣"。

鲁迅自己也设计封面，译作《域外小说集》《桃色的云》《心的探索》等著作的封面，就是他老人家自己设计的。当时请人设计封面，说好听点相当于请人作序，其实更形象的说法是相当于写墓志铭——对于陌生人而言，一个死人好坏不是靠鉴定DNA得出的，墓碑是第一印象，不看这个，连贵姓贵庚都不知道。

还有个例子，就是钱君匋。钱君匋是画画的，封面设计属于"淘气"，不料无心插柳柳成荫，一不小心成了封面设计牛人，他曾为茅盾的《蚀》巴金的《家》《春》，以及《小说月报》《东方杂志》《教育杂志》《妇女杂志》等刊物设计封面，还出版过《钱君匋书籍装帧艺术选》，堪称中国封面设计圈里的好榜样。

由于行业发展不规范，自然稿酬标准也不规范。1934年的《旅行杂志》有图片计酬的条款，可以作为参照：

投寄之稿刊载后酌致薄酬如下：甲、文字每千酬现金2至10元，艺术照片或图画每帧酬现金5角—10元；乙、每篇或每帧酌酬上海银行礼券或本杂志；尤有关系之文稿及艺术照片图画等特别从优议酬。

这里的"图画"，就是插图、配图。

张爱玲出生于1921年，1934年12岁时有了人生第一笔收入5元钱，她去买了一支唇膏，这笔收入就是插画收入。一个12岁小姑娘的作品都能卖5元，说明画插图收入可观。封面设计的水平显然是插画的几十几百倍，有更多的收入是应该的。这里也粗略按每幅100元计，林徽因有三个封面作品，计大洋300元。

林徽因收入的大项是建筑设计。

1928年，为叔父林天民设计福州市东街文艺剧场；1929年，"梁、陈、童、蔡营造事务所"成立，设计了东北大学校舍总体规划和三层教学楼、宿舍，交通大学锦州分校校舍，据说这些林徽因都有参与，林徽因还和梁思成合作设计了沈阳城郊的"肖何园"； 1932年，为北京大学设计地质馆，与梁思成合作设计北京大学女生宿舍楼；1938年，林徽因为云南大学设计女生宿舍；1946年，为清华大学设计胜因院教师住宅……当时的行规，设计费最低按工程总造价的0.6%计算，这一项除去梁思成的收入林徽因到手5000大洋是没问题的。（有人觉得这些可能都是梁思成干的，副署林徽因是为了给媳妇挣面子。那人家继续愿意把钱分给媳妇呢？林徽因的独立设计作品呢？）

民国的建筑设计，是广东人的天下，有6个广东人创办8个大学建筑系的说法。林徽因以广东媳妇、建筑学教授、宾夕法尼亚大学建筑系助教的身份，绝对是有范儿的。可惜她身体不好，又是个女人，不能以此为职业。那些以此为职业的同行收入到多少？

1933年华盖设计事务所除去开支和次年准备金，赵深月均收入可达895.3元，童寯月均收入为574.6元，都超过了当时待遇最优厚的清华大学教授工资。

演讲收入

林徽因演讲多次，甚至开过固定的讲座，收入尚可一观，不过比起其他收入来，演讲收入可以忽略不计。

教学收入

林徽因一生最多使用的身份是教师，东北大学的建筑系教授、云南大学英文教授、清华大学教授等。1928年8月，林徽因正式到东北大学任教，月薪400银元；到1930年冬（东北寒冷，记为10月份）因病离开，共教授24个月，合计9600银元。

云南大学教授的记载，见于1938年致沈从文信：

民国才女 | 211

想别的办法付昆明的高价房租，结果是又接受了教书生涯，一星期来往四次山坡走老远的路，到云大往教六点钟的补习英文。上月净得四十元法币，而一方面为一种我们最不可少的皮尺昨天花了二十三元买来。

当时物价和工资已严重失衡，可不计入收入。

1931年4月到1937年7月，林徽因在中国营造学社任校理、参校，这是中国营造学社能够保证正常开支的时段，之后一直到1946年清华大学建筑系成立之前，都没有充裕的经费保证，固定工资自然也说不上，也不计入。据此计算，林徽因在中国营造学社至少领了75个月工资。林徽因领取的月薪数量，没有找到确切的资料，只有资料说梁思成的月薪是400银元，照例东北大学，林徽因在200银元左右，共计15000元。

1937年后到清华大学建筑系成立之前，林徽因一直疾病缠身，没有教师工资收入。

林徽因在清华大学担任教授的时间，约是1946年10月到1954年秋，大约是96个月（为了便于计算，秋按8月计），主要是她脱离清华大学教学的具体时间不确定。解放后林徽因的身体一直不好，但却一直参与建筑系工作，也以建筑系教授名义对外行事，比如设计国徽和人民英雄纪念碑等，所以不管有没有编制，清华大学都是认可这位教授的，都是应该有工资的。可是，或是梁思成，或是林徽因自己的主意，林徽因没有领清华的工资，是义务教学。清华大学的档案里虽然没有林徽因，却从没忘记过这位可敬的女人，有关林徽因的纪念活动，清华从来不吝啬自己的金钱和奖励。

大范围的统计结果是，从1928年8月参加工作到1954年8月病重不支，林徽因应当工作的时间为198个月，各种收入合计在3.5万元以上，其中稿费约计5000元、设计费约计5800元、教师收入约计24600元。这意味着，即便是有的时候根本不工作，林徽因的已有收入也能够保证平均月薪170余元。这笔钱，是足够她养活自己的。

　　这个统计实在太过粗糙，几乎没有统计的意义，不过为了证明林徽因一生并非一味拖累丈夫的闲人，还是有必要列出来，为她正一正衣冠。

古建情缘

林徽因在当代知识分子中口碑甚好,不是因为她的诗、建筑,也不是什么"旷世爱情",而是她和丈夫一道为保护北京城所做的努力。林徽因与北京城,是个老故事,不用再讲了。现在要说的,是林徽因保护其他古建筑的故事。

最早关注到长城保护

梁思成、林徽因在古建筑研究保护方面的唯一弟子罗哲文,被誉为"万里长城第一人",罗哲文生前对这个赞誉未置可否,却多次开宗明义地告诉人们,最先动员他参与长城保护的,是林徽因:

徽因师非常关心清华大学与中国营造学社合设的中国建筑研究所的工作。有一次她特意把我叫去说，现在和谈破裂，内战已起，要出去到外地考察测绘甚是困难。你能不能想办法到北平附近的地方去看看。她说过去学社在北平距长城很近，但总认为随时都可以去，殊不知一隔就是十多年了。长城是古建筑中很重要的一项，不能不去调查测绘一下，工作量相当大，你年轻先去打个头阵，探一下路，有可能再叫致平、宗江他们去。

这是1948年的事。到了1950年，罗哲文从清华大学调到国家文物局工作，由于在中国营造学社得到了系统的培养和教育，罗哲文在国家文物局迅速成长为青年专家。同时，由于他在林徽因的支持下，较早地调查了古长城，因而在1952年，国家计划维修长城时，罗哲文成为不二人选，就此开始了他与长城的"一辈子的事儿"。

1984年7月，《北京晚报》、八达岭特区办事处等联合举办"爱我中华，修我长城"社会赞助活动。时任中央政治局委员的习仲勋，在人民大会堂题写了"爱我中华，修我长城"八个大字。随后，中央顾问委员会主任、中央军委主席邓小平也欣然为之题词。从此，保护和修复长城成为全民性的行动。1985年，罗哲文与侯仁之、郑孝燮等专家共同起草申报文本，使我国成为世界遗产缔约国。两年后，长城列入世界文化遗产名录，其申遗文本就是由罗哲文亲手起草的。

时势造英雄，罗哲文在长城研究保护方面的贡献和成就，恐怕将来也无人企及。他走向长城的第一步，是在恩师林徽因的指导下迈出的。就此而言，林徽因是中国近代最早意识到长城的价值，开始筹划研究保护长城的学者。

北京明城墙遗址公园（局部）

梁思成、林徽因夫妇在解放前去过陕西两次。一次是1934年夏，二人在考察完山西雁北古建筑之后，渡过黄河进入了陕西，到耀县考察古建筑。第二次是1937年春夏之交应国民政府西安行营主任顾祝同的邀请，到西安做小雁塔的维修计划，考察了长安、临潼、户县等处的古建筑。西安的城墙，给二人留下了深刻印象。

在保护北京城失败后，林徽因带着遗憾溘然长逝。西安城的命运之虞须臾即至。罗哲文在2010年7月举行的第三届传统建筑文化与古建筑工艺技术学术研讨会上，回忆了梁思成保护西安古城的故事：

西安城墙能够保存下来，与梁思成有很大关系，那是我亲身经历的。当时不是北京城墙想拆了吗？梁思成先生主张保护城墙，当然北京城墙没了，这个没有办法，我也是主张保护城墙的，我们为了保护北京的城墙也写了很多，当时我们有几个人，我就属于城墙派，就是保护城墙！

北京城墙没有保护好非常可惜，但是西安得以保护。（梁思成先生是出了大力的）当时，梁思成先生虽然受到一些抨击，但是他还一直保护城墙；北京没有保护好，所以他又提出来保护西安的城墙。这些大家可能都不知道。当时国务院的副总理兼秘书长习仲勋同志支持这件事，后来他专门通过文化部找到了文物局，我们好多专家来商议此事，提出了我们的意见。通过文化部向习仲勋副总理转达，习仲勋下决心要保护这些西安城墙，这些可能是保存最完整而且规模最大的一个城墙，这在全国是没有的。有很多城墙都没有这样完整，也有些完整的但是太小了。而当时西安作为秦王朝的都城，王城是一个仅次于首都的一个城市，保护下来真是很了不起。

林徽因泉下有知，应该为丈夫而自豪。

古建筑保护"宣教员"

由于有过文学创作的经历，林徽因笔下的建筑文章也别有一番趣味，普通人读来也毫不费力。这也是林徽因有关建筑的文集能够放在普通书店、普通书橱，供大众读者购买的原因。例如1932年11月第3卷第4期发表在《中国营造学社汇刊》的《平津建筑杂录》，仿佛是一篇游记，读来饶有趣味：

从玉泉山到香山的马路，快近北辛村的地方，有条岔路忽然转北上坡的，正是引导你到卧佛寺的大道。寺是向南，一带山屏障似的围住寺的北面，所以寺后有一部分渐高，一直上了山脚。在最前面，迎着来人的，是寺的第一道牌楼，那还在一条柏荫夹道的前头。当初这牌楼是什么模样，我们大概还能想象，前人做的事虽不一定都比我们强，却是关于这牌楼大概无论如何他们要比我们大方得多。现在的这座只说他不顺眼已算十分客气，不知哪一位和尚化来的酸缘，在破碎的基上，竖了四根小柱子，上面横钉了几块板，就叫它作牌楼。这算是经济萎衰的直接表现，还是宗教力渐弱的间接表现？一时我还不能答复。

顺着两行古柏的马道上去，骤然间到了上边，才看见另外的鲜明的一座琉璃牌楼在眼前。汉白玉的须弥座，三个汉白玉的圆门洞，黄绿琉璃的柱子，横额，斗栱，檐瓦。如果你相信一个建筑师的自言自语，"那是乾嘉间的作法"。至于《日下旧闻考》所记寺前为门的如来宝塔，却已不知去向了。

琉璃牌楼之内，有一道白石桥，由半月形的小池上过去。池的北面和桥的旁边，都有精致的石栏杆，现在只余北面一半，南面的已改成洋灰抹砖栏杆。这也据说是"放生池"，里面的鱼，都是"放"的。佛寺前的池，本是佛寺的一部分，用不着我们小题大作地讲。但是池上有桥，现在虽处处可见，但它的来由却不见得十分古远。在许多寺池上，没有桥的却较占多数。至于池的半月形，也是个较近的做法，古代的池大半都是方的。池的用途多是放生、养鱼。但是刘士能先生告诉我们说南京附近有一处律宗的寺，利用山中溪水为月牙池，和尚们每斋都跪在池边吃，风雪无阻，吃完在池中洗碗。幸而卧佛寺的和尚们并不如律宗的苦行，不然放生池不唯不能放生，怕还要变成脏水坑了。

是不是有些散文的意思？

1951年，林徽因应《新观察》邀请撰写了一系列关于北京古建的文章，分别介绍了中山堂、北京市劳动人民文化宫、故宫三大殿、北海公园、天坛、颐和园、天宁寺塔、北京近郊的三座"金刚宝座塔"、鼓楼、钟楼和什刹海、雍和宫、故宫，共计1.2万字。有人看过这些文章，据此说林徽因的学术水平不过尔尔，实在有些搞笑。

《新观察》"读者遍及社会各阶层，以知识分子和机关干部为主要读者对象。刊物内容涉及政治、经济、文化、教育、艺术等各个社会生活领域"，并不是专业的建筑学杂志，在这里刊登文章，不可能像专业杂志那样精深。

我们来看看林徽因当时发表的几段文字：

它是中山公园内的中山堂。你可能已在这里开过会，或因游览中山公园而认识了它；你也可能是没有来过首都而希望来的人，愿意对北京有个初步的了解。让我来介绍一下吧，这是一个愉快的任务。

中国劳动人民所创造的这样一座优美的、雄伟的建筑物，过去只供封建帝王愚民之用，现在回到了人民的手里，它的效能，充分地被人民使用了。一九四九年八月，北京市第一届人民代表会议，就是在这里召开的。两年多来，这里开过各种会议百余次。这大殿是多么恰当地用作各种工作会议和报告的大礼堂！而更巧的是同社稷坛遥遥相对的太庙，也已用作首都劳动人民的文化宫了。

除去这些"宫"与"殿"之外，紫禁城内还有许多服务单位如上驷院、御膳房和各种库房及值班守卫之处。但威名煊赫的"南书房"和"军机处"等宰相大臣办公的地方，实际上只是乾清门旁边几间廊庑房舍。军机处还不如上驷院里一排马厩！封建帝王残酷地驱役劳动人民为他建造宫殿，养尊处优，享乐排场无所不至，而即使是对待他的军机大臣也仍如奴隶。这类事实可由故宫的建筑和布局反映出来。紫禁城全部建筑也就是最丰富的历史材料。

通过这些文字就能看出，林徽因只是通过杂志介绍北京的古建筑，为普通读者提供一些有关的知识，算是宣传古建筑，不是专业的建筑学术论文。

《新观察》高峰时期发行量有80多万份，不知不觉中，林徽因成了古建筑保护的"宣教员"，这大概也是新中国成立以来头一份。

你若不离不弃，我必生死相依

徐志摩、金岳霖的出现，并没有伤害到梁思成与林徽因之间的夫妻感情。

梁林二人之间的感情，已经不是简单的男欢女爱，而是同志般的志同道合，战友般的生死与共。因此，在梁思成眼里，林徽因始终是个非常满意的妻子、非常称职的伙伴。

志同道合

作为妻子，林徽因在建筑上的确能给梁思成很大程度的帮助。之所以用"帮助"，是鉴于林徽因是梁思成妻子的这一身份，作为建筑师的林徽因，不是一篇小文章能说得清楚的。

梁思成的第一部重要著作《中国建筑史》，是夫妇合作的开始。病中的林徽因，倚在床上顽强地工作，承担了全部书稿的校阅和补充工作，并执笔写了书中的第七章——五代、宋、辽、金部分。她介绍了宋、辽、金时代，中国宫室建筑的特点和制式，以及宗教建筑艺术，中国塔的建筑风格，辽、金桥梁建设，乃至城市布局和民居考证。梁思成在油印本《中国建筑史·前言》中赞赏了妻子为这本书所做的贡献：

这部"建筑史"是抗日战争期间在四川南溪县李庄时所写……尽管这部稿子写得很不好，它仍然是一部集体劳动的果实。绝大部分资料都是当时中国营造学社的研究人员和工作同志的实地调查，测绘的成果。在编写的过程中，林徽因、莫宗江、卢绳三位同志都给了我很大的帮助，林徽因同志除了对辽、宋的文献部分负责搜集资料并执笔外，全稿都经过她校阅补充。

在梁思成感谢的这三个人中，林徽因的资历最老，莫宗江绘图极好，卢绳的工作热情很高，都是学社在最艰难时期不离不弃的患难之交，林徽因承担的实际工作更多。

梁思成的做法，符合多数西方作者的习惯，就是感谢一大堆人，就是不感谢组织。在这段话里，梁思成称林徽因为"同志"，是对林徽因能力和努力的认可，也是对她建筑师身份的认可。林徽因的"校阅补充"，是她在学社时的职务——校理必须干的事情，这是作为同事的林徽因应该的义务；梁思成的感谢，则是她应该有的荣誉、应该得到的肯定。

清华大学教授郭黛姮在谈到林徽因时曾说过：

梁先生的学术论文所达到的情理相融、生动活泼的水平至今也没有人能够超越，当然，这与林徽因先生的文字润色是分不开的。

林徽因在北平文物整理委员会的同事杜仙洲回忆：

林徽因先生是一个风情并茂、内外皆秀的才女。林徽因先生的许多见解既富有情感，又富有理智，常常是高人一等。林徽因先生曾经说过："研究中国古代建筑不能被历史给捆住。要切记，观今须鉴古，无古不成今。但也不能做古人的奴隶，否则就没有什么出息。"因此，林徽因先生写的建筑研究文章，在内容上是古色古香的，但在论述方式上却充满着现代气息。

从林徽因的著作来看，这两个人的评价并无过誉之词。
梁从诫也经常从自己的父亲那里听到对母亲的赞扬：

"父亲后来常常对我们说，他文章的'眼睛'大半是母亲给'点'上去的。这一点在'文化大革命'中却使父亲吃了不少苦头——因为母亲那些'神来之笔'往往正是那些戴红袖章的狂徒们所最不能容忍的段落。"

梁思成晚年曾经向林洙透露过他自己对林徽因才情的衷心赞许：

"林徽因是个很特别的人,她的才华是多方面的。不管是文学、艺术、建筑乃至哲学她都有很深的修养。她能作为一个严谨的科学工作者,和我一同到林野僻壤去调查古建筑,测量平面爬梁上柱,做精确的分析比较;又能和徐志摩一起,用英语探讨英国古典文学或我国新诗创作。她具有哲学家的思维和高度概括事物的能力,所以做她的丈夫很不容易。中国有句俗话:'文章是自己的好,老婆是人家的好',可是对我来说,老婆是自己的好,文章是老婆的好。"

老实说,梁思成在文笔上的确差出老婆好几条街。我努力看他的《中国建筑史》《中国雕饰史》,看着看着就想去看看周公……

患难之后　狂秀恩爱

梁从诫在《童年琐忆》写道:

刚跑几步,就听见一架日机俯冲的声音,父亲突然停下脚步,用手臂把一家人搂在一起。我后来才知道,他的意思是:要死就死在一起,免得剩下一两个太痛苦。

这是梁家在逃亡途中,于长沙躲避日军空袭时的片段。在此之前,由于躲闪不及,林徽因及其他家小被炸中一次,炮弹直接把林徽因和梁从诫从房间直接抛到了大街上,所幸未伤及生命。大概是这样的危急情况，让梁思成心悸不已。现在常说"你若不离不弃，我必生死相依"，只有到了真正生死攸关的时候，才知道这句话能不能兑现。

梁从诫也回忆了父母在昆明时的恩爱场景：

> 父亲外出考察回来时，妈妈奔上前去迎接他，两人一见面就拥抱亲吻，他们有个同事说他们这样太伤风化。两人也只是一笑置之。

在昆明时期，梁林二人盖房子花光了所有积蓄，但是真正拥有了自己的第一套房子，梁林夫妇还是很开心。从北平过去的人中，很少有人像他们这样打算在昆明定居，所以置办产业的人不是很多，包括已经安置下来的西南联大诸位教授。作为建筑业者，能够有自己的房子，在当时也是一种奢侈的享受，因此，夫妻二人的幸福可以想见。在战时，在日军的飞机轰炸中，每一次离家都有可能是生死离别，每一次回家都意味着又侥幸逃过一次死亡考验。

到了李庄时期，林徽因撒狗粮的次数就更多了。

> 刘叙杰在《建筑五宗师》回忆：梁伯父一下车就和梁伯母热烈的拥抱起来。

刘叙杰是刘敦桢的儿子，随同父亲在李庄时，他已经十多岁，是梁再冰、梁从诫、罗哲文的共同玩伴，也是被卢绳嘲笑的对象之一。依照他的年纪，是应该能够记住的。

如果梁思成不在身边，林徽因写给费慰梅的信中，就会提到丈夫，而且依然要秀恩爱：

思成永远都会在，假如他不像我那样经常给你们写信，你们仍然可以感知他在这里，跟过去一样温柔可爱——他在忙着许多可爱的工作（我也以自己的方式参与其中，尽管谁也不会相信）。

林徽因给李济的信：

至于找思成及费太太过去吃晚饭事，如果不是中秋我想我一定替他们答应下来。因为是中秋，而思成同我两人已多年中秋不在一起，这次颇想在家里吃晚饭，所以已做了四五个菜等他。不要笑我们。

梁从诫回忆：

母亲生病，需要补充营养，家里又很穷，父亲就经常打听附近乡镇哪里要杀牛，他就好第二天一早起床去买牛肉，因为当时条件较差，杀的牛都是老牛，肉很硬，所以买回来只能炖汤。

李庄时期，是林徽因真正有机会和时间重新认识自己丈夫的时期。她恍然发现，自己须臾不可或缺的男人，就是自己的丈夫。他可能不浪漫，有时还会很扫兴；他可能不温存，有时发起脾气比自己还厉害，但他永远不会离开自己，他永远依照自己的方式和频率,坚定地前行,缓慢而有力。

我一直认为,就是在离开北平的逃亡途中,林徽因才完完全全地、毫无保留地爱上了自己的丈夫。

性命托付

1953年,梁思成随中国科学院访苏代表团访问苏联。林徽因给梁思成写了一封满是温柔和关切的信:

我最不放心的是你的健康问题。我想你的工作一定很重,你又容易疲倦,一边吃Rimifon(雷米封,一种防治结核病的药),不知是否更易累和困,我的心里总惦着,我希望你停Rimifon吧,已经满两个半月了。苏联冷,千万注意呼吸器官的病。

在和林徽因结婚之前,梁思成没有呼吸器官的病,也没有家族遗传病史。林徽因身患肺结核后,按照常规,她应该与其他家人隔离就餐,餐具也应该是专用的。然而,林徽因病后变得敏感多疑,非常忌讳别人用任何形式提示她有病,哪怕是交谈时侧着脸都不行。

第一次见面的萧乾,注意到了林徽因的这种情绪:

在去之前,原听说这位小姐的肺病已经相当重了,而那时的肺病就像今天的癌症那么可怕。我以为她一定是穿了睡衣,半躺在床上接见我们呢！可那天她穿的却是一套骑马装，话讲得又多又快又兴奋。不但沈先生和我不大插嘴，就连在座的梁思成和金岳霖两位也只是坐在沙发上边叭嗒着烟斗，边点头赞赏。给我留下印象的是，她完全没提到一个"病"字。

在妻子被剥夺掉"垂帘主任"的工作机会后，为了安慰妻子，梁思成坚持和她在一起吃饭，导致梁思成也感染了肺结核。

抗战胜利后，在清华大学创建建筑系、妻子身体不佳、家庭生活依然困窘的时候，如果没有林徽因的执意要求，梁思成不可能只身到美国去访问。也就是在这次访问中，梁思成有机会把自己的著作整理出版，虽然因为林徽因手术急急赶回，出版最终未能如愿，梁思成毕竟把这批珍贵的资料带了出去，避免了梁思成挨整开始后流离失所的命运。

在林徽因做完肾脏切除手术后，梁思成更加精心地照顾自己的妻子。陈占祥的女儿陈渝庆回忆：

梁先生拿着注射器进卧室了。无论是静脉注射还是肌肉注射，梁先生都技艺精湛，水平与专业护士不相上下，那都是长年照顾妻子练就的本领。林徽因体弱，切除过一只肾脏，有时忽然无名火起，易躁易怒，情绪激动。但梁先生永远不愠不火，轻声细语，耐心安抚。为了怕主人误会，他和父母聊了很多关于中医的医理，说起阴虚阳亢患者常有的症状。他说，健康人往往不能体会病人的状况，我也是病人，对此有切肤之痛。物质决定精神，脏器的器质性病变，真的会改变人的脾气性格，那就是病，很难用理智控制的，不然病人和健康人就没区别了。梁先生在我家常谈起他对疾病的感受，仿佛多少难言之痛都被他对妻子博大深厚的爱意融化了。

林徽因病危时，梁思成也因为肺结核发病住在她的隔壁。
陈渝庆回忆：

我看着梁先生亲自打开炉筒上方的炉门，一铲一铲地往里添着煤块。那间卧室的取暖炉子很高，有一米二左右，梁伯伯看上去非常吃力。我去问父亲，为什么不让阿旺娘帮忙？连我也可以帮忙的。父亲轻声告诉我，梁伯伯说了，炉火是徽因妈妈的命，稍一着凉就有危险。梁伯伯一直是亲自侍弄炉子，别人弄炉子他不放心。这么多年了，都是他自己动手，时刻监视煤火的燃烧情况，绝不能让煤块烧乏了。其实他自己，也患着多种疾病，由于患有脊髓灰质炎，常年穿着钢背心，但他还是竭尽全力地呵护着跟自己一样多病的妻子。

无论是炖好的鸡汤、肉汤还是银耳汤，或是蒸好的蛋羹，梁先生总是先用小勺尝一尝冷热咸淡，觉得合适了，才端进屋里。有时就坐在床畔，一勺一勺地给林徽因喂食。母亲为此曾有感而发道："我一辈子不羡慕谁家荣华富贵，有钱有势；最羡慕人家夫妻恩爱，相濡以沫，像梁先生夫妇那样。"

据梁从诫回忆，当年林徽因去世后，很多朋友都责怪梁思成，说是他的选择让林徽因早逝的。这些朋友，大多是当年太太客厅的客人，例如张奚若、金岳霖、钱伟长、钱端升、沈从文等。梁思成

没有接受大家的批评:

　　我当然知道这个决定所付出的代价,我不能不感谢徽因,她以伟大的自我牺牲来支持我。不!她并不是支持我,我认为这也是她的选择。

　　如果说我从李白、杜甫、岳飞、文天祥这些伟大的民族英雄那里继承了爱国主义思想,而徽因则除此之外,比我更多地从拜伦、卢梭等伟大的诗人、哲学家那里学习了反侵略、反压迫的精神。她对祖国的爱,是怀着诗人般的浪漫主义色彩的。

　　有朋友责备我,说我的选择使得徽因过早去世了。我无言以答。

　　但我们都没有后悔,那个时候我们急急忙忙地向前走,很少回顾。今天我仍然没有后悔,只是有时想起徽因所受的折磨,心痛得难受。

　　当时的梁思成,没有人能理解,他也没有向任何人说起过。文洁若回忆:

　　转年4月1日,噩耗传来,萧乾立即给梁思成去了一封慰问他并沉痛地悼念徽因的信。梁思成在病榻上回了他一封信。"文革"浩劫之后,我还看到过那封信。1973年我们从干校回京后,由于全家人只有一间八米"门洞",出版社和文物局陆续发还的百十来本残旧的书,我都堆放在办公室的一只底板脱落、门也关不严、已废置不用的破柜子里。一天,忽然发现其中一本书里夹着当年梁思成的那封来函。梁思成用秀丽挺拔的字迹密密麻麻地写了两页。首先对萧乾的慰问表示感谢。接着说，林徽因病危时，他因肺结核病住在同仁医院林徽因隔壁的病房里。信中他还无限感慨地回顾了他从少年时代就结识，并共同生活了将近三十年的林徽因的往事。信是纸写的，虽然是钢笔字，用的却是荣宝斋那种宣纸信笺。

我们不知道这封信的内容，可以肯定的是，梁思成的这封信，有临终托付的意味。他不确定自己本来虚弱的身体能否熬过去，更担心妻子就此抛下他独自远行。妻子的死，让梁思成陷入了惶惑无助中，此时看到萧乾作为林徽因的十几年的朋友，又在别人的不满中写信安慰，梁思成有很多话要向他倾诉。

可惜，萧乾已经在1999年离世，文洁若也已90高龄。如果这封信就此佚失，或者已经佚失，我们就再也没有机会听到梁思成对自己妻子的最后评价了。

好在梁思成、林徽因的学生，依然在他们的岁月里闪动，让我们有机会看到那个深爱着自己美丽妻子的梁思成。

杨鸿勋在《忆梁林二师》中写道：

思成先师对师母徽因先生是十分敬重的。一次他对我说："我一生有两位好老师：一位是修辞学老师——林徽因先生；另一位是逻辑学老师——金岳霖先生。每当我的文章写好以后，我都双手送给他们审阅，他们便说"拿剪刀来！"于是边勾画边剪裁，说："这句话不要；这句应该这样写；这句话应该在在这里；这段要搬到这里"，等勾画、剪贴完了，我才誊清定稿。"

思成先师与师母徽因先生之间的恩爱尤为深厚，我跟随先师期间，正值师母作古未久，以致先师时常为悼亡而感伤。有一天早晨，我因事较早地到先师家中，唯恐打扰他的休息，而他却早已起床了。孤寂之中的他，一见我到来，有些兴奋地告诉我说："昨夜梦醒，想念林先生，一直没有再睡着。我干脆披衣坐起来，反复背诵《长恨歌》！"

关肇邺在《忆梁先生对我的教诲》中写道：

在先生那朴素而高雅的书房里，经常可以听到他们对学术上不同观点的争论。有时争得面红耳赤，但都有很充足精深的论据。我在旁静听，极受教益。也常有某一雕饰在敦煌某窟或云岗某窟、某一诗句出于何人之作等的争论而评比记忆力，等到查出正确结论，都一笑而罢。这些都使我感到多么像李清照和赵明诚家庭生活中的文化情趣。

思成先生与徽因师母之间恩爱之情，还见于设计墓碑一事。一天下午我到先师家，他正伏案工作：在一块图板上，用丁字尺、三角板聚精会神地绘图画图。我看到这种情景急忙说："梁先生，画什么呢？让我来画吧。"他停了下来，答道："我在为林先生做墓碑设计，在她生前我们俩曾有约定：谁先死，活着的要为他设计墓碑，连图也要亲自画，不能找别人代替。"跟着就说："你来得正好，请你提提意见。"他指着图给我看，"我正在考虑碑上的字，上面并列这四个头衔：文学家、诗人、舞台美术家、建筑家；下面是"林徽因先生之墓"你看怎么样？是不是头衔太多了？只要一个？两个？……"

梁思成用了一辈子来爱林徽因，他的爱如同大江大海，旁人是断无理由指责他的。换作任何一个人，都无法像梁思成一样去爱自己的妻子，毫无保留地信任自己的妻子，毫无成见地欣赏妻子的朋友们。

我们不是他，所以不配有这样的妻子；我们不是他，所以不配有批评他的资格。

林徽因和梁思成相亲相爱的日子，正是他们彼此一生中最艰难的时候，也是他们夫妻要面对的最大困难。如此时刻，林徽因疾病缠身，依然竭尽全力履行妻子、同志的义务和责任，她是梁思成暗夜里的烛光，微弱，却始终闪耀。

你是一树一树的花开

用一句话概括，在林徽因那个年代，比她文艺的没有她见识广博，比她见识广博的没有她有女人味，比她有女人味的没有她有国际范儿，比她有国际范儿的没有她文艺。

林徽因的文艺，不是今天介于普通青年和涂壁青年之间的那种，而是她几乎是与生俱来的诗性。

诗性在林徽因身上有三重含义，第一重含义自然是指她的文学爱好——现代诗创作；第二重是指她的性灵，虽然一直身处艰难之中，但她像一枝绽放于严寒的梅，从不低头、从不妥协、从不放弃、从不自卑；第三重是她的生活态度，她始终以诗的形式自由烂漫地活着，这种自由，既包括她对爱情、婚姻、家庭的态度，也包括她作为女人的生活态。

诗性的与生俱来，只有两种可能，一种是家庭的熏陶，另一种是家庭的负面影响。林徽因显然是后者。作为庶出的女子，林徽因在家庭中的地位一直不是很高，梁从诫认为，家庭对她之后的生活影响很大。这种负面影响，在伤害她的同时，也给了她另一种能力，那就自我保护、自我生长。因此，尽管她受到了来自家庭不公待遇，尽管对此也非常憎恨和不满，但她从未让自己站在家庭的对立面，而是尽可能地扮演好家庭给予自己的角色。

在林徽因的少女时代，庶出女子的懦弱、自卑，根本没有出现在她身上。在培华女中上学期间，她和亲戚家的同龄女子们成为学校的风景，也是她自我努力的结果——作为母亲的何雪媛，原本就是"无才便是德"，对此爱莫能助。

林徽因在少女时代就以美貌出众为众人所知。她的弟弟林宣回忆说，在培华女中上学时，经常有男校的学生尾随林徽因姐妹，家里交给他一项任务，就是到学校去接林徽因姐妹上下学，做她们的保镖。网上有一段文字称：

与林徽因一起长大的堂姐、堂妹，几乎都能细致入微地描绘她当年的衣着打扮、举止言谈是如何地令她们倾倒。林徽因的表姐王稚姚1901年生，长林徽因3岁，从童稚暑期在杭州、上海，青少年暑期在北京，都和林徽因共同生活。她回忆说，林徽因的大眼睛像祖父、美貌像祖母。祖母也是福州人，眉毛细而弯，非常漂亮，所以祖母十分溺爱她。表姐还说自己的母亲林泽民是林徽因的大姑母，在杭州时期当林徽因的启蒙老师，爱她胜过其生母，因为她又聪慧又美丽，十分可爱。

女子中学的学生生活，是林徽因非常重要的生活体验，是对她从襁褓时期就开始跟随父亲的职业四处奔波的矫正。相信至此之前，没有和父亲住在一起，又得不到母亲的照顾，林徽因接受的教育，据说都来自姑母林泽民。这种说法来自梁再冰的文章：

林孝恂思想比较"开放"，曾先后多次将子侄后辈送往日本留学。他有两个儿子（林长民、林觉民）和五个女儿。辛亥革命前，林长民（即我的外祖父）和林觉民都曾留学日本。妈妈的姑姑们也都有较高的文化修养，在那个时代的女性中比较罕见。妈妈的大姑母林泽民是教妈妈读书写字的启蒙老师。抗战时期我们在四川后方曾接到大姑婆从北平的来信，那一手的王羲之体小楷给我以十分深刻的印象。

林泽民是个生活精致的女人，梁再冰回忆：

我小时候长随妈妈到北京城西旧帘子胡同的大姑婆家去，大姨（王孟瑜，林徽因的大姐兼要好玩伴）一家也住在那里。妈妈在大姑婆家总是特别的快乐。在那个并不奢华却非常温馨的小小四合院中，已经年迈、但皮肤仍白皙细腻的大姑婆总是对我们体贴入微，常在纤尘不染、摆设不多但精致美丽的客厅或厢房中，请我们吃福建挂面、卤鸡蛋、肉松、"光饼"等。

纤尘不染、不事繁华、精心布置，这是诗性女人在家庭中的绽放。家庭对林徽因在基本修养方面的影响，显然是积极的。梁从诫曾经撰文谈及父母的相识：

父亲大约十七岁时，有一天，祖父要父亲到他的老朋友林长民家里去见见他的女儿林徽因。父亲明白祖父的用意，虽然他还很年青，并不急于谈恋爱，但他仍从南长街的梁家来到景山附近的林家。在"林叔"的书房里，父亲暗自猜想，按照当时的时尚，这位林家大小姐的打扮大概是：绸缎衫裤，梳一条油光的大辫子。不知怎的，他感觉有点不自在。

门开了，年仅十四岁的林徽因走进房来。父亲看到的是一个亭亭玉立却仍带着稚气的小姑娘，梳两条小辫，双眸清亮有神采，五官精致有雕琢之美，左颊有笑靥，浅色半袖短衫罩在长仅及西峡的黑色绸裙上；她翩然转身告辞时，飘逸如一个小仙子，给父亲留下了极深的印象。

梁再冰也认为父亲是惊艳于母亲的美貌和个性：

我的父母是在1918年相识的。他们的"介绍人"就是我的祖父和外祖父……

他们首次相识是在我外祖父在北京的寓所的书房中。当时妈妈年仅14岁，正在培华女子中学学习，爹爹17岁，是清华学堂的学生。爹爹后来说，他当时对于这次"相亲"颇为忐忑，有点担心会见到一个梳着一条油光光的大辫子、穿着拖地长绸裙的旧式大小姐。但当亭亭玉立却稚气未脱的林徽因走进来时，爹爹见到的却是一个梳着两条垂肩发辫、上身穿着浅色中式短衫、深色裙仅及膝下的小姑娘。她的灵秀之气和神采立刻吸引了他。特别令他心动的是，这位小姑娘起身告辞时轻快地将裙子一甩，便翩然转身而去的那种飘洒。

让儿女来"回忆"自己父母的初识很搞笑，但这是目前唯一有关梁思成和林徽因认识的信息。这个消息起码能说明，梁思成爱上林徽因的时候，不过是个毛头小伙子，而林徽因也不过是黄毛丫头，说不上"一见钟情"或"志趣相投"，顶多是梁思成的少年情怀而已。不过，林徽因能吸引生性活泼、见多识广的大家公子梁思成，大概的确是容貌过人。

除去容貌，学校对她的塑造应该也发挥了作用。北京燕山出版社原总编辑赵珩回忆：

那个时候，不同中学的学生在作风和派头儿上也有所不同，像四中、二中的学生都比较用功，生活也相对简朴。而育英的学生，一般家境都比较好，追求时尚，课余时间玩的花样也多，如球类运动、滑冰、游泳、歌咏、听戏唱戏、乐器、集邮等无所不能，在衣着上也比较讲究时尚，一望而知是育英学生的做派。贝满和慕贞的女生也相对有些大小姐派头，但毕竟是教会中学，不会出格，更没有化妆和佩戴首饰的女生。

据说，当时上中学的学费是每学年20—30元，这已经和清华持平；教会中学的学费要更高，每学年约40—50元。可见，接受教育在当时是件非常奢侈的消费；抛开门第不说，教会学校的学费也是

你是一树一树的花开 | 239

一般人无法承受的。因此，在教会学校学到课业之外的很多东西，也就不足为奇了。

虽然初识很早，但梁思成和林徽因真正开始恋爱，却是在宾夕法尼亚留学时。二人每次约会，梁思成都要在女生宿舍楼下等很长时间。这不全是林徽因故意怠慢，而是她必须要细心地梳洗打扮才肯出门。梁思永写过一副对联调侃他们俩：林小姐千装万扮始出来，梁公子一等再等终成配。横批是"诚心诚意"。

顾毓琇跟梁思成是清华的同班，梁启超视为子侄，赴美前还亲自写条幅以示鼓励。他后来回忆说："思成能赢得她的芳心，连我们这些同学都为之自豪，要知道她的慕求者之多有如过江之鲫，竞争可谓激烈异常。"

虽然梁思成与林徽因一同毕业于宾夕法尼亚大学美术学院，但梁思成毕业于建筑学院、林徽因毕业于美术学院，自然不同。不同的生活经历、志趣爱好、性格养成，注定他们之间的差距不可逾越。林宣回忆：

我姐写诗常在晚上，且极为浪漫，还要点一炷清香，再摆上一瓶插花，身穿一袭白绸睡袍，面对庭中一池荷叶，在飘摇清风中吟哦醇制佳作。

我姐对自己那一身打扮与形象得意至极，曾说"我要是个男的，看一眼就会晕倒。"梁思成开玩笑说："我看了就没晕倒"。把我姐气得要命。

有时她穿着打扮好，摆好姿势，只留下几根蜡烛，在摇曳的烛光里，支使梁思成从不同角度观察，产生不同的美感。梁思成领悟体会往往不合她意,她就嗔怪梁思成太理性了,不会欣赏她。

老实说,像林徽因这样充满诗意的女人,在金岳霖、徐志摩、梁思成三人中,只有徐志摩配得上。林宣还清楚地记得,在香山养病的林徽因坚持穿高跟鞋,上山固然辛苦,下山只能由林宣和徐志摩扶持着走下去。这样的人,是断不能忍受丈夫的漠视的。

林徽因的学生和朋友,都对她的诗意生活记忆尤深。

北大教授郭心晖回忆:

林徽因每周来校上课两次……她身着西服,脚穿咖啡色高跟鞋,摩登,漂亮,而又朴素高雅。女校竟如此轰动,有人开玩笑说,如果是男校,就听不成课了。

北京市建筑设计院高级建筑师、清华大学建筑系第一届学生张德沛回忆:

我一看,一亮,她给人的感觉,你看到就知道,一看,一亮,眼前一亮。她也不施粉,也不抹胭脂,可是她一穿起衣服来,一站起来,你就感觉到,这个人很高雅,很高贵,非常有魅力。

国立北平女子大学学生、云南大学中文系全振寰教授回忆:

当时许寿裳任院长,潘家询任外语系主任。曹靖华、周作人、朱光潜都在此执教。林徽因每周来校上课两次,用英语讲授英国文学。她的英语流利、清脆悦耳，讲课亲切、活跃，谈笑风生，毫无架子，同学们极喜欢她。每次她一到学校，学校立即轰动起来。

文洁若：

一会儿，林徽因出现了，坐在头排中间，和她一道进来的还有梁思成和金岳霖。开演前，梁从诫过来了，为了避免挡住后面观众的视线，他单膝跪在妈妈面前，低声和妈妈说话。林徽因伸出一只纤柔的手，亲热地抚摸着爱子的头。林徽因的一举一动都充满了美感。没想到已生了两个孩子，年过四十的林徽因，尚能如此打动同性的我。

清华大学建筑学院教授王炜钰：

在我的生活中有一位女中豪杰——林徽因，她是我的表姐，是20世纪30年代的一位才华出众的女诗人，又是一位有深湛造诣的女建筑师，她那潇洒秀美的仪表和文思敏锐的才华，使多少人为之羡慕，为之倾倒，我不自觉地也想跨入这一行列。

家庭中的林徽因，也如别人见到的那样，努力保持着自己的诗性。

昆明时期，钱端升、陈公蕙夫妇与林徽因、梁思成曾经拼租过一段时间。陈公蕙说：

林徽因性格极为好强,什么都要争第一。她用煤油箱做成书架,用废物制成窗帘,破屋也要摆设得比别人好。其实我早就佩服她了。

林洙回忆初见林徽因的情形:

我正在注视这张照片时,只听卧室的门"嗒"的一声开了。我回转身来,见到林先生略带咳嗽、微笑着走进来,她边和我握手边说:"对不起,早上总是要咳这么一大阵子,等到喘息稍定才能见人,否则是见不得人的。"

这就是林徽因。她虽然身体已经差到了不能会客的地步,依然不愿意退出自己的舞台,哪怕是强忍着不适,也要努力去扮演生活的角色。在她心里,什么都比不过自己像健康人一样活着。

正因如此,她的客厅依然能够保持着像自己的姑母林泽民那样的纤尘不染、不事繁华、精心布置。林洙回忆:

这是一个长方形的房间,北半部作为餐厅,南半部为起居室。靠窗放着一个大沙发,在屋中间放着一组小沙发。靠西墙有一个矮书柜,上面摆着几件大小不同的金石佛像,还有一个白色的小陶猪及马头。家具都是旧的,但窗帘和沙发面料却很特别,是用织地毯的本色坯布做的,看起来很厚,质感很强。在窗帘的一角缀有咖啡色的图案,沙发的扶手及靠背上都铺着绣有黑线挑花的白土布,但也是旧的,我一眼就看出这些刺绣出自云南苗族姑娘的手。在昆明、上海我曾到过某些达官贵人的宅第,见过豪华精美的陈设。但是像这个客厅这样朴素而高雅的布置,我却从来没有见过。

"特别""朴素而高雅""从来没见过",林洙的评价有过誉之嫌,但依然从侧面说明,林徽因在有限的条件下,像写诗一样经营着自己的家庭和生活。

无论身心被伤害到何种地步,依然对生活报以阳光和微笑,这就是林徽因。

慈爱母亲

作为母亲的林徽因，人们知之甚少。一方面是林徽因在其他方面的光芒遮住了她的家庭，另一方面，则是作为子女的梁再冰、梁从诫没有想到自己的母亲会突然由一位业余诗人、专业建筑师成为今天的时尚宠儿。

梁再冰和梁从诫各自写过一篇回忆母亲林徽因的长文。梁再冰的回忆文章写于2004年4月，题目很直白：《我的妈妈林徽因》；梁从诫的文章则要早上近20年，写于1985年4月，而且分别在1986年4月、1991年4月进行了两次修改，题目也更考究：《倏忽人间四月天——回忆我的母亲林徽因》。

梁再冰的回忆，多是基于一个女儿的身份，是一个女儿对母亲的追忆。梁从诫的回忆，则更为理性、客观，也会涉及林徽因的一些负面轶闻。如果从母亲的角度去观察林徽因，显然是梁再冰的回忆更温馨。

对于自己的母亲，梁再冰充满敬意和仰慕。她在回忆里写道：

我的妈妈是一个不大寻常的母亲。像所有的妈妈一样，她挚爱自己的女儿，但她给我的爱可能比一个普通的妈妈更多、更深；她是我的第一个老师，领着我从少不更事走到长大成人，但她以自己的文化修养和学识留给我的精神财富，远比其他任何老师留给我的要丰富、持久；她也是我的朋友，是我最早和最特殊的朋友，同其他朋友相比，她是一个更能给我以支持、启发和鼓励的朋友。

梁再冰出生在东北，她的记忆是从"太太客厅"的所在地——北总布胡同三号开始的。

梁再冰回忆：

院子中有一个小小的花坛，种着鸡冠花和喇叭花。我就是在这个院子中认得这几种花的。我还记得妈妈教我写字、认字，曾教我写"摇曳的树影"这几个字。

妈妈那时很年轻，很美，脸颊有一个酒窝，很爱笑，笑起来时眼睛眯成一条缝。她俯身靠近我时，我觉得她的皮肤很柔和，有淡淡的檀香味。我小时非常依恋她，希望她老在我身边，哪里也不要去。

我在这个房子里度过了从两岁到八岁的童年时期，这也是我开始记事的时候。许多温馨美好的琐事，直到七十年后的今天也还记忆犹新。

最深刻的印象之一是生病时妈妈对我无微不至的体贴和细心照料。那时候，生活条件较好，我和弟弟的卧室在北院的一排西厢房（朝东）中。有保姆照顾日常生活。但每到我生病时，妈妈就把我抱到她的卧室中，自己照料我。我常犯胃病，稍吃油腻就会反胃，有一次呕吐得很厉害，连喝水也吐，最后渴得不行，但越渴，越喝，越吐。妈妈就把我抱到她房里，一点一滴地喂我喝水。晚上她把一小茶壶水放在我床边，告诉我渴时只能"抿一口"。我夜里醒来发现她根本没睡，一直在听着我的动静。

那时我生病时总觉得妈妈既是母亲，又是医生和护士。她很少带我去医院，总是在咨询医生后自己护理我。她兼有医生的观察和判断能力、护士的细心和母亲的体贴。所以每到生病时，只要妈妈在身边就更安心，知道她会想尽一切办法减少我的痛苦，她不在身边就觉得很紧张、很委屈。

北总布胡同是林徽因的最好时期。她和梁再冰的很多合影，都是在这里拍摄的。可以看出，同样时间、同样地点、同样的"丁香树"下，梁再冰笔下的林徽因，和冰心小说中那个寂寞空虚冷的太太，绝对不是一个人。就像童年梁再冰所期望的那样，母亲是万能的，有了她，就拥有了一切。

大概是因为幼年教育和爱的缺失，林徽因非常注意对女儿的亲身教育，这使得梁再冰虽然成长于国家纷乱之际，却没有太多的性格缺失，甚至比一般的孩子还要活泼一些。这与林徽因在病中生下的儿子梁从诫相比，显然要幸福很多。

在这所房子里，妈妈还给我抱来一只小猫，它是我的第一只猫（从此以后我就同猫有了不解之缘）。我还模糊地记得那天在两个院子之间有垂花门的廊子东头，在一间小屋里，妈妈把这只小猫抱给我，让我给它起名字，我不知从何而来的灵感，随口说："叫它'明儿好'吧！"从此这猫就叫"明儿好"了。但后来它身上生了跳蚤，妈妈用樟脑丸涂在猫身上，想消灭这些跳蚤，结果猫舔食后死了。妈妈十分后悔，多年以后还在自责。

爸爸和妈妈还曾送给我一只小白狗，想帮助我克服那时十分怕狗的心理。这只狗非常小，像个玩具，为了强调它是我的狗，他们给它起名"冰狗"。

对于有呼吸疾病的林徽因而言，养宠物尤其是猫狗，是件很痛苦的事。尤其是林徽因持续不断的咳嗽，很容易呼吸猫狗飞扬的毛发。但为了女儿的成长，林徽因还是尽可能地让孩子接触能够接触的动物。这种爱心，在《铲屎官》里已经体现得非常明显了。

就在抗战前夕，林徽因第一次给女儿写了一封非常正式的信。

宝宝：

妈妈不知道要怎样告诉你许多的事，现在我分开来一件一件的讲给你听。

第一，我从六月二十六日离开太原到五台山去，家里给我的信就没有法子接到，所以你同金伯伯（金岳霖）、小弟弟（梁从诫）所写的信我就全没有看见（那些信一直到我到了家，才由太原转来）。

第二，我同爹爹不止接不到信，连报纸在路上也没有法子看见一张，所以日本同中国闹的事情也就一点不知道！

第三，我们路上坐大车同骑骡子，走得顶慢，工作又忙，所以到了七月十二日才走到代县，有报，可以打电报的地方，才算知道一点外面的新闻。那时候，我听说到北平的火车，平汉路同同蒲路已然不通，真不知道多着急！

第四，好在平绥铁路没有断，我同爹爹就慌慌张张绕到大同由平绥路回北平。现在我画张地图你看看，你就可以明白了。

注意万里长城、太原、五台山、代县、雁门关、大同、张家口等地方，及平汉铁路、正太铁路、平绥铁路，你就可以明白一切。

第五（现在你该明白我走的路线了），我要告诉你我在路上就顶记挂你同小弟，可是没法子接信。等到了代县一听见北平方面有一点战事，更急得了不得。好在我们由代县到大同比上太原还近，由大同坐平绥路火车回来也顶方便的（看地图）。可是又有人告诉我们平绥路只通到张家口，这下子可真急死了我们！

第六，后来居然回到西直门车站（不能进前门车站），我真是喜欢得不得了。清早七点钟就到了家，同家里人同吃早饭，真是再高兴没有了。

第六，现在我要告诉你这一次日本人同我们闹什么。你知道他们老要我们的"华北"地方，这一次又是为了点小事就大出兵来打我们！现在两边兵都停住，一边在开会商量"和平解决"，以后还打不打谁也不知道呢。

第七，反正你在北戴河同大姑、姐姐、哥哥们一起也很安稳的，我也就不叫你回来。我们这里一时也很平定，你也不用记挂。

我们希望不打仗事情就可以完；但是如果日本人要来占北平，我们都愿意打仗，那时候你就跟着大姑姑那边，我们就守在北平，等到打胜了仗再说。我觉得现在我们做中国人应该要顶勇敢，什么都不怕，什么都顶有决心才好。

第八，你做一个小孩，现在顶要紧的是身体要好，读书要好，别的不用管。现在既然在海边，就痛痛快快地玩。你知道你妈妈同爹爹都顶平安的在北平，不怕打仗，更不怕日本。过几天如果事情完全平下来，我再来北戴河看你，如果还不平定，只好等着。大哥、三姑过两天就也来北戴河，你们那里一定很热闹。

第九，请大姐多帮你忙学游水。游水如果能学会了，这趟海边的避暑就更有意思了。

第十，要听大姑姑的话。告诉她爹爹妈妈都顶感谢她照应你，把你"长了磅"。你要的衣服同书就寄来。

妈妈

林徽因的这封信，没有喊口号，只是平实地告诉女儿，做自己该做的事，大人孩子都是如此。她没有把自己的意图强加给一个几岁的小姑娘，告诉她应该如何牢记"家仇国恨"。正常的母亲大致都是如此，绝不会让自己的孩子过早地陷入仇恨、恐慌的围裹之中，迷失了孩子的心智。

抗战爆发后，林徽因一家逃亡昆明。在长沙途中，梁再冰回忆：

我已经是小学三年级的学生（8岁），爹爹和妈妈一路上教我看地图，认出我们走的路线，妈妈还教我记日记。

已经开始的战争，固然使家庭处于战乱的裹挟之中，但对子女的教育，是任何母亲都不敢放松的。

到昆明麦地村安顿下来之后，林徽因开始系统地教授自己的女儿：

在这间可爱的小小起居室里，妈妈在煤油灯下为我们讲解《庄子》"解牛篇"和"唐雎不辱使命"等《战国策》篇章的情景至今仍历历在目。

我们的房外有一个较宽的廊子，这里就是我的"书房"，在用一条木板吊起来做成的书架上有不少妈妈买给我们的书。从我开始认字起，她就特别爱给我买书。这时我的主要读物包括一些翻译的外国儿童读物，如加拿大作家写的《绿庐小孤女》、美国儿童名著《小妇人》、德国故事《爱弥儿捕盗记》、法国故事《苦儿努力记》等等，还有老舍以新加坡为背景写的《小坡的生日》、张天翼为儿童写作的《秃秃大王》、赵元任翻译的《爱丽斯漫游奇境记》、从诫此时最喜爱的多卷册的《人猿泰山》等等。

这一时期，《西游记》《水浒传》《三国演义》和《精忠说岳》也是我和弟弟爱看的书，其中的英雄人物是我们和刘家三兄妹在附近田野中玩耍时的模仿对象，有时还把爹爹妈妈的衣服翻出来在身上披挂起来"打仗"。总之，当时我们的生活水平虽因通货膨胀而日日下降，生活却很活跃。妈妈爱给我们买书却并不"督促"我们读书，而是任其自然，让我们随心所欲地读、想、玩耍。

爹爹从四川回来后，妈妈要他教我读《左传》，他教了我好一段时间，因此，《左传》的学习也就中断了。

我至今还能背诵三两篇《左传》。但后来由于他俩都太忙、我去本地小学上学了。到昆明后，我又有了一只小狸花猫，晚上它常常伴我睡觉。但它身上又有跳蚤，妈妈不许我抱猫睡觉，我就把它藏在脚下，妈妈晚上常到被窝里来把它"掏"走。后来到了乡下，这只小猫咪因为长寄生虫而死去了，我和弟弟都非常伤心。妈妈就教我们用松柏叶做了二个小花圈挂在树上，在二块布条上写着"纪念我们的小爱猫咪咪——爱你的一家人"，并且为猫举行了一个小小葬礼。这件事多年以后还深深地印在我心里。

既要学习，又要有爱心，林徽因身体力行地教育子女，努力培养他们健全的人格和善良的品行。

之后，林徽因一家从昆明继续内迁往李庄。途中，梁再冰看到了母亲悉心照顾弟弟的情形：

根据我（11岁）当时所记的一点日记，29日我上车离开昆明后因为晕车，就"倒在妈妈手上睡觉，有很多人都吐了……后来因极就睡着了，醒来已到曲靖，在'松花江旅馆'住下"。11月30日，我们从曲靖出发，当晚到达宣威，"住在'中国旅行社'，小弟（从诚）发烧至39度多"……

在毕节，从诚继续发烧，妈妈带我到街上的中药店为他买了药，回来按当地土法在煮药时放进一个鸡蛋，然后用药没过的鸡蛋为他揉搓额头，使他逐渐退了烧。

就在为梁从诫买药的途中，林徽因犯了职业病。她看到一座孔庙，打算进去看看，年幼的梁再冰大概已经很累，也毫无兴趣，破坏了林徽因的计划。林徽因很生气，回来后就教训了女儿，说不逛街可以，不看建筑不行。梁再冰同学在日记里记下了母亲这般"对牛弹琴"式的教训。

林徽因的职业病，在1946年返回北京后，又在女儿身上复发了两次。

有一次妈妈和我分乘两辆三轮车经过北海前的团城，当我们从西向东过"金鳌玉蝀桥"时，在我后面的妈妈突然向我大声喊道："梁再冰回头看！"我回头一看，刹那间恍若置身于仙境：阳光下五彩缤纷的"金鳌玉蝀桥"同半圆的团城城墙高低错落，美丽极了。只可惜当时没有一架摄像机将这一画面留下。

恶寒，林徽因貌似病得不轻。
还有一件更搞的：

在我们刚搬到清华时，妈妈说我应当去颐和园看看，但她自己因身体状况无法和我同去，因此要给我找一个能引导我"正确地"游览颐和园的人，后来她就请清华哲学系的美学教授、邓以蛰伯伯的女儿邓三姐带我去。三姐是一个修养极好的国画家，人也长得很美，她带我游览颐和园的"路线"是：从东宫门进入后先到昆明湖边，从正面看万寿山和排云殿，然后便掉转身上山，经谐趣园进入后山，而不走长廊。妈妈对三姐的"路线"十分赞许（邓三姐是核能物理学家邓稼先的姐姐，五十年代初期因煤气中毒不幸去世）。

女儿去颐和园玩耍，居然要找个专业人士陪同，居然还有玩颐和园的"正确姿势"？

除去职业病，林徽因是当之无愧的优秀母亲。李庄时期的林徽因，身体和事业都到了绝望的时候，从她与朋友的书信中，感觉似乎她几乎处在崩溃的边缘，疾病的严重伤害、事业的停滞不前，都让她对一切充满了不满乃至憎恨。

但这一切，她没有让孩子感觉到。在梁再冰眼里，这一时期反倒成了她和母亲在一起时间最长、交流最多的宝贵时光：

妈妈在李庄的病床上也读了不少俄罗斯文学作品，如托尔斯泰的《战争与和平》、屠格涅夫的《猎人日记》、高尔基的《我的大学》等。那时我在同济大学附属高中上学，同学中常常传看这些作品，妈妈也很爱看。她此前比较熟悉英美作家的作品，这时开始接触相当数量的俄罗斯文学作品。《战争与和平》这本书当时我看的是中文版，她看的是英文版。我们常常就这些书交换看法。

19世纪的俄罗斯文学作品开阔了妈妈的文学视野。她在给友人的信中曾谈到，她觉得1805—1812年的沙俄时代同她自己经历过的（20世纪）20—40年代的中国有很多相似之处。我记得她曾同我讨论过《战争与和平》中的娜塔莎、安德烈和皮埃尔等人物的性格等。

妈妈喜欢同身边的人沟通和交流思想，也喜欢同别人分享她的读书体会。抗战后期，爹爹和从诫都到重庆去了（爹爹临时到"战区文物保存委员会"工作，从诫上了南开中学），家里就只剩下了外婆、妈妈和我。因此，我这时从妈妈的女儿和学生，变成了妈妈的朋友。妈妈在同朋友相处时，无论对方为何人，都是平等相待的。于是，我就在不知不觉中追随着她的阅读范围和思索路线，同她一起进入了一个比我的日常生活广阔得多的世界。她带着我在一片涉及古今中外的文化田野上漫游。这种漫游使她因被"囚居"于斗室养病所带来的寂寞心情开朗了许多，也使我受益匪浅，其对我影响之深远，是我当时完全没有想到的。

妈妈对于各种中文和英文作品中精彩的文字表达方法反应敏锐，琢磨得非常细致。她非常喜爱屠格涅夫的《猎人日记》（中译本）中关于美丽的俄罗斯自然景色的描写，我至今还能记得她阅读和谈论这些作品时的喜悦之情和炯炯目光。妈妈酷爱大自然之美，因此，她对一切关于自然景色精彩描写的感受就特别真切。

因为病痛折磨，妈妈这时已经极为瘦弱，很难再把她看成是一个美女。但她仍然非常美丽，内在精神的美丽有时会使她容光焕发。来看她的朋友不太多，但我们家还是有一些客人喜欢听她侃侃而谈。中央博物院的曾昭燏小姐（也曾留学国外，是学历史的）就常来看她。当她们俩在阴冷的李庄的黄昏时刻漫谈时，我常常是一个忠实的听众。

在中国古代文学方面，妈妈那时特别喜欢读杜甫的诗，尤其是杜甫在战乱年代写的诗。她曾为我比较详细地讲解过《北征》其中"况我堕胡尘，及归尽华发。经年至茅屋，妻子衣百结。恸哭松声回，悲泉共幽咽。平生所娇儿，颜色白胜雪。见爷背面啼，垢腻脚不袜。床前两小女，补绽才过膝"，这二段由于她的讲解，我的印象特别深刻。这些充满对家人真挚感情的诗句因此而变得更加生动和难忘了。

在李庄时，妈妈曾推荐我读公公（梁启超）写的《情圣杜甫》和王同维写的《人间词话》（也登在西南联大中文系的课本上）。还向我介绍了沈从文的小说《边城》，非常赞赏他对湘西风土人情的描写。

女儿、儿子报考清华大学，林徽因夫妇始终非常关心。梁再冰报考时，未被录取。同时未被录取的还有梅贻琦的女儿，不过人家第二年又回来了，梁再冰与清华无缘。到了梁从诫报考清华大学建筑系时，以两分之差失之交臂，金岳霖为此还找到招生部门大吵了一架。

梁从诫在历史系入学之后，大概是受到了梅贻琦女儿"曲线救国"的启发。林徽因打算让梁从诫转系到建筑系，遗憾的是她不是清华校长。朱自煊回忆：

梁从诫考大学时，先进的是历史系，属文学院，转建筑系要补一些课，特别是建筑制图，为此林先生找我为梁从诫补制图课。我利用暑假，认认真真为他和另一名女同学补了这门课，他们学习很努力，作业也取得很好成绩，我给予了很高的评价和成绩，以为可以转系成了，因为那时转系的人很多，也有理学院，法学院转来的，奇怪的是梁从诫和那位女同学竟没有转成，至今我还不明白。

梁从诫条件符合，却不能转系，辜负了"从诫"这个名字，也辜负了林徽因对清华的无私付出和一个母亲的合理期望。这件事给林徽因带来的伤害，似乎不难推测。

到了女儿放单飞的时候，林徽因与女儿的角色似乎互换过来，特别不希望女儿离开自己。

1949年3月，我离开北大参加了四野南下工作团。最初妈妈不同意我去参军，要求我至少等到大学毕业后再参加工作。那时我才读到西语系三年级，我不愿等待，坚持要走。妈妈很伤心，爹爹也劝我别走（他可能考虑到了医生在1945年所说妈妈最多再活"五年"的话）。当时这场辩论使我很痛苦，因为我确实也舍不得离开他们，但我们最终还是达成了妥协：我答应在"一年以后"回到北大，把大学读完。我离开北大和清华时思想斗争很激烈，新生活对我有很强的吸引力，但我担心我会和爹爹妈妈在思想上产生隔阂。我预感到参军以后我的思想会发生变化，担心他们不会像年轻人那样容易地接受新的思想和生活。

我参加南工团后住在东四"华文学校"，同许多学员们一起睡在地板上。不久后被调到新华社新闻工作队，准备南下汉口，临走前不久，妈妈带着毛巾等小东西来看我，坐在我的铺盖上，呆了很久。

在1947年做完手术后，林徽因的身体更差，经常住院，她自然希望女儿能陪伴她，但此时的女儿，已经羽翼丰满，要振翅高飞了。

在生命的最后时刻，林徽因依然在惦记自己的女儿。只不过，正如她的身体一样，她对女儿的关心，已经有了越来越多的暮色，仿佛是天命之年的老人。

慈爱母亲 | 257

我已在1953年夏天结婚，1955年，我的儿子即将出生时，妈妈因病住进了同仁医院。爹爹此时也住在这个医院，两人的病房相邻。妈妈住院前一再说服我产后要到清华胜因院12号（我们家这时已搬到这里）去度产假。那时她还在为我张罗婴儿用的衣被等。

我在孩子满月后立即赶到医院去看她。……妈妈见到生产后的我却是一副极为欣慰的样子，她高兴地对周围的护士说："你们快看我的女儿，她的身体和脸色多好啊！"这时，她似乎忘了自己的病痛。

你是人间四月天

虽然作为长媳没有得到梁家的欢迎,但作为长女,林徽因的确尽到了自己的责任。包括从小代替全家给外出的父亲写信,代替家人照顾祖父等等。

林长民的发妻无出,二姨太程桂林生了林燕玉、林桓、林恒、林暄、林垣,三姨太何雪媛在生下林徽因后,后来孕育的两个孩子都没有成活,因此,林徽因所有的弟弟都是同父异母。

对林家长辈照拂有加。

先说说林徽因和父母的关系究竟如何。

在林徽因刚出生后,就得到了祖母的欢心,老太太丝毫不顾及生母何雪媛的感受,直接把林徽因抱到自己身边抚育,这在姨太太可以出售、可以抛弃的时代,并不是什么新鲜事;对于林徽因而言,甚至可能还是好事——在姨太太出身的母亲身边,未必能得到很好的照顾，而在家里最高决策人祖母那里，显然要好得多。

事实正是如此。在祖母去世后，林徽因又回到母亲身边，境况惨了很多。

从1904年6月10日出生开始，林徽因就跟随祖父林孝恂、祖母游氏一起生活，这不是歧视，作为媳妇兼佣人的何雪媛要照顾丈夫的父母，而幼年的林徽因又离不开母亲，所以只能如此。如此一直到10岁，也就是1914年，祖父林孝恂身体不佳，才搬到北京和父亲一起居住在北京前王公厂。

搬到北京后不久，祖父就去世了。林徽因和生母虽然也是林家人，但是远远没有两年前被林长民纳为妾室的程桂林吃香。首先，程桂林比较能生养，先后生了四儿一女，补上了林长民没有儿子的遗憾；其次，程桂林长得漂亮，人又精明，深得林长民欢心。在程桂林进门后，林长民把自己的斋号名为"桂林一枝室主人"，就能看出程桂林的得宠程度。

林长民的原配膝下无出，纳何雪媛为妾，就是为了绵延香火，可是何雪媛只生了两个女儿，其中比林徽因小的妹妹很快就夭折了；加上长时间不和丈夫在一起生活，何雪媛和林长民自然没有感情。父亲去世后，没有人能强迫林长民接受何雪媛，把她养在家里，眼不见心不烦，大致就是林长民的想法。

何雪媛则为此愤愤不平。她先是伺候走了婆婆，又伺候走了公公，在林家当牛做马十几年，到头来被甩鼻涕似的甩到了后院，她能给林长民好颜色才怪。两个人都对对方不满，林长民肯定就更不愿意看到何雪媛了。为此，何雪媛恨林家所有人，有时候还会恨林徽因。就像金岳霖所说的那样，老太太和林徽因分不开、合不来，要不是何雪媛无处可去，母女二人早就各奔东西了。

　　林徽因和父亲林长民的关系好吗？很多人都会觉得很好，毕竟林长民还带她出国游历了一番，这是其他子女没有享受过的特殊待遇。有这种看法的人，都忽略了一个基本事实：林徽因随父亲出国那年，已经16岁，在林长民、梁启超的口头约定中，林徽因已经是梁家大公子梁思成的未婚妻了。

　　可见，林徽因和父母的关系都很一般。虽然之后一直侍奉生母到去世，那只是道义和责任，并不是她真的喜欢母亲。这从她给闺蜜费慰梅信中对母亲的抱怨和不满就可以看出。

　　林家有一个林徽因非常喜爱的长辈，就是大姑母林泽民。林泽民是她的启蒙老师，基本负责了她在孩童阶段的基础教育，林徽因直到婚后还和林泽民保持着密切往来。

对林家同辈呵护备至

　　由于和林泽民最为亲近，林徽因童年时期的重要伙伴，就是姑母的大女儿王孟瑜、二女儿王次亮、三女儿王炜钰。

　　网上有一张流传甚广的照片，就是林徽因和表姐妹的合影。照片上的五个女孩，除了林徽因和早夭的妹妹，就是王孟瑜、王次亮和林秋民的女儿曾语儿。林长民给照片做了备注：

　　壬子三月，携诸女甥、诸女出游，令合照一图。麟趾最小。握其手，衣服端整身亭亭者王孟瑜；衣袖襞积，貌圆张目视者，瑜妹次亮也；曲发覆额最低者语儿曾氏，徽音白衫黑袴，左手邀语儿，意若甚昵，实则两儿俱黠，往往相争，果饵调停，时时费我唇舌也。瑜、亮，大姊出；语儿、四妹出；徽、趾，吾女。趾五岁，徽九岁，语十一岁，亮十二岁，瑜十四岁，读书皆慧。长民识。

五人中，林徽因和王孟瑜的关系最好。

在泰戈尔来华时，林家崭露头角的不仅有林徽因，还有王孟瑜。例如4月25日，泰戈尔游北海、参观松坡图书馆、参加静心斋茶会，陪同者中有林徽因、王孟瑜。

4月28日，泰戈尔与北京学生见面，《晨报》的报道中提到了王孟瑜：

午后二时，即有无数男女学生驱车或步行入坛，络绎不绝，沿途非常拥挤。讲坛设在雩内之东坛（即一品茶点社社址），坛之四围布满听众，有二三千人之多。京学界各团体之代表均聚集坛上，天津绿波社亦派有代表来京欢迎，至三时零五分泰氏始到，乘坐汽车至雩坛门前下车，林长民为导，同来者为其秘书厚恩之、葛玲女士及林徽因、王孟瑜女士并梁思成等。

5月8日的那场演出中，林徽因饰公主齐德拉，王孟瑜、袁昌英饰村女，依然有王孟瑜。

5月20日，泰戈尔离开北京时，仅有五六人送行，其中依然有林徽因、王孟瑜等。

王孟瑜是林徽因在雪池胡同时期的重要伙伴，大致一直到留学之前，王孟瑜一直在林徽因的生活中，包括参加新月社的活动。等到她们最后一次见面时，已是1947年，林徽因做完手术之后。

林杉在《细香常伴月静天：林徽因传》（国际文化出版公司2011年3月）中，用文学的手法再现了林徽因与王孟瑜的最后一面：

大表姐王孟瑜从上海来探望她了。这次见面，大表姐苍老多了，林徽因几乎认不出她。林徽因记忆中的大表姐，似乎应该永远是那个扎着一条长辫子的姑娘。林徽因的童年是在上海爷爷家与大表姐一起度过的。大表姐长她八岁，胖胖的脸上，嵌着一双明亮的眸子。爷爷去世后，她与大表姐就分开了，随母亲迁到北京，张勋复辟时，又搬到天津英租界红道路。那年，二娘程桂林患肋膜炎，在京治病，父亲也忙于公务，顾不上照看天津的家，便请大姑姑来料理家中琐事，大表姐也一同来了。表姐到后，家庭教师陈先生的讲课也开始了，当陈先生给林徽因讲唐诗的时候，大表姐有时也过来听。林徽因最后一次见大表姐，是在1934年他们去浙南宣平考察，回来时路过上海，匆匆会了一面。大表姐也几乎认不出林徽因来了。她接到信后，知道徽因已病得很重，焦灼不安地登上了北去的列车。大表姐在北平住了半个月，更多时两人对望着，没有什么话语。但是，又仿佛把许多年要说的话说完了。大表姐依然是那么纯朴，总是默默地帮助母亲做些家务，为徽因减轻些负担。一直到大表姐离开的时候，徽因心里有许多话想说，但始终没说出来。那天早晨，徽因无力走下病榻，只是隔窗望着大表姐离去的背影，大表姐没有回头，林徽因知道，那是怕她看到那双流泪的眼睛。

这次会面，不知道姐妹俩聊了些什么，可以肯定的是，必然触动了林徽因。在王孟瑜走后，林徽因写了《写给我的大姊》：

当我去了
还有没说完的话
好像客人去后杯里留下的茶
说的时候同喝的机会
都已错过
主客黯然
可不必再去惋惜它。

如果有点伤感
你把脸掉向窗外
落日将近时
西天上总还留有晚霞。

一切小小的留恋算不得罪过
将尽未尽的衷曲也是常情
你原谅我有一堆心绪上的闪躲
黄昏时承认的
否认等不到天明
有些话自己也还不曾说透
他人的了解是来自直觉的会心。

当我去了

还有没有说完的话

像钟敲过后

时间在悬空里暂挂

你有理由等待更美好的继续

对忽然的终止

你有理由惧怕

但原谅吧

我的话语永远不能完全

亘古到今情感的矛盾做成了嘶哑。

　　林徽因的另一首诗,是写给自己同父异母的弟弟林恒的。

　　在林长民去世后,何雪媛和林徽因的同父异母的弟弟林恒就到了北京,和梁思成、林徽因夫妇一起生活,他上中学、大学以及中央航校的费用,都是由梁思成、林徽因负担的。1935年"一二·九"运动时,林恒参加游行被冲散,梁思成开车跑遍了北京所有接收受伤学生的医院,而林徽因一直守候在电话机旁焦急等待,直到凌晨才找到林恒。林恒遇难后,林徽因悲痛欲绝,写了那首著名的《哭三弟恒》。

　　哭三弟恒
　　——三十年空战阵亡

弟弟,我没有适合时代的语言

来哀悼你的死;

它是时代向你的要求,
简单的,你给了。
这冷酷简单的壮烈是时代的诗
这沉默的光荣是你。

假使在这不可免的真实上
多给了悲哀,我想呼喊,
那是——你自己也明了——
因为你走得太早,
太早了,弟弟,难为你的勇敢,
机械的落伍,你的机会太惨!

三年了,你阵亡在成都上空,
这三年的时间所做成的不同,
如果我向你说来,你别悲伤,
因为多半不是我们老国,
而是他人在时代中碾动,
我们灵魂流血,炸成了窟窿。

我们已有了盟友、物资同军火,
正是你所曾经希望过。
我记得,记得当时我怎样同你
讨论又讨论,点算又点算,
每一天你是那样耐性的等着,

每天却空的过去,慢得像骆驼!

现在驱逐机已非当日你最理想
驾驶的"老鹰式七五"那样——
那样笨,那样慢,啊,弟弟不要伤心,
你已做到你们所能做的,
别说是谁误了你,是时代无法衡量,
中国还要上前,黑夜在等天亮。

弟弟,我已用这许多不美丽言语
算是诗来追悼你,
要相信我的心多苦,喉咙多哑,
你永不会回来了,我知道,
青年的热血做了科学的代替;
中国的悲怆永沉在我的心底。

啊,你别难过,难过了我给不出安慰。
我曾每日那样想过了几回:
你已给了你所有的,同你去的弟兄
也是一样,献出你们的生命;
已有的年轻一切;将来还有的机会,
可能的壮年工作,老年的智慧;
可能的情爱,家庭,儿女,及那所有
生的权利,喜悦;及生的纠纷!

你们给的真多,都为了谁?你相信
今后中国多少人的幸福要在
你的前头,比自己要紧;那不朽
中国的历史,还需要在世上永久。

你相信,你也做了,最后一切你交出。
我既完全明白,为何我还为着你哭?
只因你是个孩子却没有留什么给自己,
小时我盼着你的幸福,战时你的安全,
今天你没有儿女牵挂需要抚恤同安慰,
而万千国人像已忘掉,你死是为了谁!

林恒一直不为林徽因的母亲何雪媛所喜,林徽因虽然很为难,但还是尽力照顾好这个弟弟。

林恒之后,林家最熟悉的人便是林宣。

林宣是林徽因的堂弟:"小时候跟着祖父,和林徽因生活在一起。记得我三岁时,她教我识字片:年、月、日,春、夏、秋、冬。"

林徽因在培华女中读书时,林宣就经常担任林徽因和王孟瑜、王次亮等人的保镖。后来,林徽因和梁思成出国留学时,林宣也多次参加了招待二人的欢送会。林宣回忆,梁思成出车祸,是因为林家的炒面做多了,林徽因让梁思成骑摩托车去接大肚汉梁思永,二人一道返回的时候出了车祸。林宣称,他中学毕业后,就被林徽因"硬拉去"念建筑,读了东北大学建筑系3班。

关于林宣到东北大学上学的经过，远不像林宣所说的那样简单。《漫游中国大学：西安建筑科技大学》（西安建筑科技大学编，重庆大学出版社2011年9月）一书中，以官方小传的形式，记述了林宣到东北大学读书的这段经历：

林宣1912年出生于福州市一个有深厚家学渊源的大家庭，从小就受到了良好的教育。五年的私塾教育，使他在古汉语和英语方面打下了深厚的功底，这也为他此后从事中国古建筑研究奠定了基础。

把林宣引入建筑这一领域的是他的堂姐林徽因。1930年7月，林宣考取了东北大学建筑系。"九一八"事变后，林宣在颠沛流离中先后转读于清华大学等学府，于1934年从南京中央大学毕业。毕业后，他毅然放弃了去海外发展的机会，效仿着梁思成、林徽因，用所学知识来报国、救国，继续着中国建筑史的研究和整理工作。

1950年，东北工学院建筑系恢复招生。林宣举家迁到沈阳，受聘于东北工学院建筑系，成为当时该校建筑史学科唯一的专业教师。

1956年，林宣随东北工学院建筑系来到古城西安，成为西安建筑工程学院首批创业者和建设者以及学校建筑历史与理论学科的奠基人。

林宣之前接受的教育不得而知，他在18岁时，在福州考取了东北大学建筑系，仅仅是因为他能力出众，有些过于牵强，过程就是之前他说的那样：中学毕业后，就被林徽因"硬拉去"念建筑，读了东北大学建筑系3班。他所说的中学，可能就是初级中学。林徽因在挺亲戚这一点上，还是很给力的。

林宣了解林徽因的很多事，包括"梁思成、林徽因结婚以后，家庭生活充满矛盾"。"林徽因写诗常常在晚上，还要点上一炷清香，摆一瓶插花，穿一袭白绸睡袍，面对庭中一池荷叶，在清风飘飘中吟哦酿制佳作"。梁思成没有被林徽因"倾倒"，"徐志摩在西山大约住了两个星期"，金岳霖对林徽因的照顾，"解放初许多单位约她写稿，她也高兴，飘飘然的"，林徽因让他给沈从文送钱，等等。

林徽因把两个娘家人引上了建筑之路，一是堂弟林宣，退休于西安建筑科技大学，在学校颇有口碑（收入学校图书就是例证）。二是大姑家的三女儿、姑表妹王炜钰，她比林徽因小20岁，1945年（21岁）毕业于北京大学工学院建筑系建筑学专业，她设计人民大会堂香港厅、澳门厅，现为清华大学建筑学院教授。

林徽因把两个娘家人嫁给了当时的一流人才。大姑表姐王孟瑜，嫁给了徐志摩、梁思成、林徽因的好朋友温源宁。老温26岁起就任北京大学、清华大学、北京女子师范大学等多所大学的英国文学教授，还兼北京大学西方语言文学系英文组主任等行政职务。胡适说他"身兼三主任、五教授"，"他近年最时髦"。后来在与胡适的斗争中被干翻，从此寂寂无名。他的学生有钱钟书、梁遇春、曹禺、常风（作家，山西大学教授）、饶余威（台大外文系首位主任，与钱、曹、常、饶是同班同学）、李健吾、张中行等。后来温源宁到台湾，最后的公职是"中华民国驻希腊特命全权大使"，

1968年退职。

陈公蕙嫁给了梁思成、林徽因的好朋友钱端升。老钱这个人不用多说,大家可以问问度娘,这又是一个传奇人物。

后记

让"自己人"写林徽因,是罗哲文先生的遗愿。

我写林徽因,一是完成先生遗愿,二是不辜负"自己人"。

不辜负师母杨静华的偏爱,她一再向人推荐我写的《罗哲文传》;不辜负罗杨兄的信任,是他力主让我写罗哲文先生的墓联,待我亲如家人。

不辜负我的师长程路先生,他是我工作的导师,更是我生活中的仁厚长者。他的广识博见,对我、对这本书的关心,尺牍不能竟书。

向创造我们共同"作品"的妻子敬礼。余生无多,有你足矣。